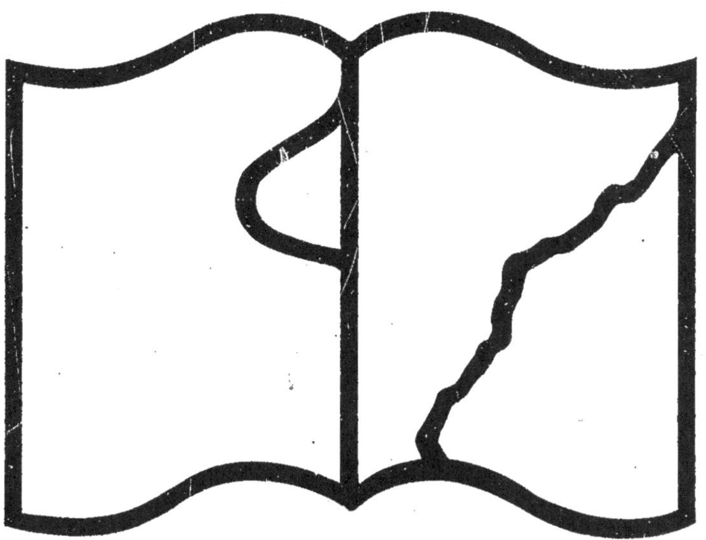

Texte détérioré — reliure défectueuse

NF Z 43-120-11

Symbole applicable
pour tout,ou partie
des documents microfilmés

FERNAND MOMMÉJA

Rédacteur au *Temps*

Enquêtes économiques

> Le protectionnisme et la condition des ouvriers. — Le prix des « Lois sociales ». — Le prix de la viande et les intermédiaires. — Des réformes au Ministère du Commerce. — La réorganisation de la Marine marchande. — L'Enseignement technique. — Le crédit au petit commerce. — La hausse du blé.

LIBRAIRIE ORIENTALE & AMÉRICAINE

E. GUILMOTO, Éditeur

6, Rue de Mézières, PARIS

LIBRAIRIE ORIENTALE ET AMÉRICAINE

H. CHARLES WOODS

La Turquie et ses Voisins. Traduction de l'anglais par JACQUES DUROY. Un vol. in-8° écu, avec 3 cartes, br.   **5 »**

WARRINGTON DAWSON

Le Nègre aux États-Unis. Préface de M. PAUL ADAM. Un volume in-8° écu, broché. . . . .   **5 »**

Cᵀᴱ MAURICE DE PÉRIGNY

Les États-Unis du Mexique. Préface de M. MARCEL DUBOIS, Professeur de Géographie coloniale à la Sorbonne. Un vol. in-8°, avec carte hors texte, broché. **5 50**

Ouvrage couronné par la Société de Géographie commerciale.

« This is a pleasant general account of Mexico by an intelligent observer who has traversed it in different directions. He has, fortunately, a lighter touch than some previous writers, and carries the reader gaily through his mine of information without fatigue and with a sense of confidence in his judgment. »

(The Geographical Journal, Londres.)

MARCEL BRUNET

La Brèche Maritime Allemande dans l'Empire colonial Anglais. Préface de M. MARCEL DUBOIS, Professeur à la Sorbonne. Un volume in-8° écu, broché *(Bibliothèque des Amis de la Marine)*. **3 50**

PAUL WALLE

Au Pays de l'Or noir. Le Caoutchouc du Brésil. *(Para, Amazonas, Matto-Grosso.) Nouvelle édition, revue.* Un volume in-8°, broché, avec 62 illustrations et carte. .   **4 50**

Au Brésil. — De l'Uruguay au Rio São Francisco. *Nouvelle édition, revue.* Un volume in-8° broché, avec 95 illustrations et 9 cartes **8 50**

Au Brésil. — Du Rio São Francisco à l'Amazone. *Nouvelle édition, revue.* Un volume in-8°, broché, avec 105 illustrations et 13 cartes. **8 50**

2918. — Paris — Imp. Hemmerlé et Cⁱᵉ. — 7-12.

LIBRAIRIE ORIENTALE ET AMÉRICAINE

H. CHARLES WOODS

La Turquie et ses Voisins. Traduction de l'anglais par Jacques Duroy. Un vol. in-8° écu, avec 3 cartes, br.   **5 »**

WARRINGTON DAWSON

Le Nègre aux États-Unis. Préface de M. Paul Adam. Un volume in-8° écu, broché. . . . .   **5 »**

Cᵀᴱ MAURICE DE PÉRIGNY

Les États-Unis du Mexique. Préface de M. Marcel Dubois, Professeur de Géographie coloniale à la Sorbonne. Un vol. in-8°, avec carte hors texte, broché. **5 50**

Ouvrage couronné par la Société de Géographie commerciale.

« This is a pleasant general account of Mexico by an intelligent observer who has traversed it in different directions. He has, fortunately, a lighter touch than some previous writers, and carries the reader gaily through his mine of information without fatigue and with a sense of confidence in his judgment. »

(*The Geographical Journal*, Londres.)

MARCEL BRUNET

La Brèche Maritime Allemande dans l'Empire colonial Anglais. Préface de M. Marcel Dubois, Professeur à la Sorbonne. Un volume in-8° écu, broché (*Bibliothèque des Amis de la Marine*). **3 50**

PAUL WALLE

Au Pays de l'Or noir. Le Caoutchouc du Brésil. (*Para, Amazonas, Matto-Grosso.*) *Nouvelle édition, revue.* Un volume in-8°, broché, avec 62 illustrations et carte. .   **4 50**

Au Brésil. — De l'Uruguay au Rio São Francisco. *Nouvelle édition, revue.* Un volume in-8° broché, avec 95 illustrations et 9 cartes **8 50**

Au Brésil. — Du Rio São Francisco à l'Amazone. *Nouvelle édition, revue.* Un volume in-8°, broché, avec 105 illustrations et 13 cartes. **8 50**

2918. — Paris — Imp. Hemmerlé et Cⁱᵉ. — 7-12.

ENQUÊTES ÉCONOMIQUES

FERNAND MOMMÉJA

Rédacteur au *Temps*.

Enquêtes économiques

Le protectionnisme et la condition des ouvriers. — Le prix des « Lois sociales ». — Le prix de la viande et les intermédiaires. — Des réformes au Ministère du Commerce. — La réorganisation de la Marine marchande. — L'Enseignement technique. — Le crédit au petit commerce. — La hausse du blé.

LIBRAIRIE ORIENTALE & AMÉRICAINE

E. GUILMOTO, Éditeur

6, Rue de Mézières, PARIS

A M. FERNAND CHAPSAL,

Directeur des Affaires Commerciales et Industrielles

au Ministère du Commerce et de l'Industrie.

Mon cher Directeur et Ami,

J'ai réuni dans ce volume les enquêtes économiques que, du mois de mai 1911 au mois de juillet 1912, l'actualité m'a imposées et que j'ai publiées dans le Temps. Permettez-moi de vous le dédier.

Vous y retrouverez des études sur la « Vie chère », et notamment sur le prix de la viande et sur la question du blé et du pain; sur les grands problèmes qui préoccupent le monde industriel et commercial, comme l'Enseignement technique, la Marine marchande, le coût des « lois sociales » et l'organisation du Crédit pour la petite industrie et le petit commerce : toutes

choses qui vous sont familières et à l'examen des-
quelles vous avez appliqué votre esprit si clair.

Certes, je n'ai pas eu la prétention de consti-
tuer une documentation complète sur les divers
chapitres que j'ai abordés. J'ai voulu simplement
classer le modeste travail d'un reporter qui
étudie au jour le jour les questions économiques
dans la forme même où l'actualité les pose.

Votre ami dévoué,

F~ERNAND~ MOMMÉJA,
Rédacteur au Temps.

Enquêtes économiques

LE PROTECTIONNISME ET LA CONDITION DES OUVRIERS

A propos de la cherté de la vie. — A la Ligue du libre-échange. — L'enquête du « Board of Trade » et les documents de l'Office du travail. — Les loyers et l'alimentation en Allemagne, en Angleterre, en Belgique et en France. — Des comparaisons suggestives. — Le coût du régime protectionniste. — La tyrannie protectrice.

Le prix de la vie augmente dans des proportions alarmantes. Les ménagères ne parviennent plus à boucler leur budget : c'est la viande, c'est le pain, c'est le beurre, ce sont les œufs qui coûtent de plus en plus cher. Les fournisseurs, de leur côté, se plaignent de l'incidence de ce renchérissement sur le chiffre de leurs affaires. Bref, le mécontentement est général.

Oh! on a expliqué cette situation déplorable par

maintes causes, toutes plausibles. Mais une ligue économique de formation récente, la « Ligue du libre-échange » a entrepris d'en dégager une : celle qui lui paraît dominer les autres par son importance. D'ailleurs le titre de ce groupement révèle son programme et son but précis : dénoncer le protectionnisme comme la raison majeure du renchérissement de la vie.

Sous les auspices de cette ligue, à la tête de laquelle on trouve des économistes comme MM. Aynard, Yves Guyot et Frédéric Passy, un industriel, M. G. Paturel, a procédé à une enquête ayant pour objet de montrer, par comparaison, la néfaste influence du protectionnisme sur la condition des ouvriers et la différence qui existe entre le *standard of life*, ou niveau de la vie ouvrière, en Angleterre et en France. Poussant ses recherches plus avant, il a voulu faire la preuve qu'après avoir maintenu le niveau de la vie ouvrière à un degré bien inférieur à celui auquel la liberté l'aurait amené, le protectionnisme prélève encore une dîme importante sur les salaires.

La place nous manque pour suivre M. Paturel dans tous les détails de sa laborieuse étude. Mais il nous paraît intéressant de retenir les constatations de fait qu'il emprunte à une double documentation : la fameuse enquête du Board of Trade (Ministère du Commerce anglais) sur les loyers, l'alimentation, les salaires et la durée du travail dans le monde ouvrier, d'une part ; et d'autre part, les matériaux amassés par notre Office du travail, que dirige avec tant d'activité et de compétence M. Arthur Fontaïne.

Pour ce qui est des loyers, l'enquête du Board of Trade révèle qu'à Londres, les logements d'une pièce forment 14,7 pour 100 du total des appartements, contre 26,7 pour 100 à Paris. Il est vrai que les logements ouvriers apparaissent un peu moins chers chez nous ; mais cela tient à ce que le budget de nos ouvriers est comprimé par le renchérissement du prix de l'alimentation dû aux droits de douane.

En ce qui concerne l'alimentation, l'enquête du Board of Trade a établi la dépense hebdomadaire moyenne des familles ouvrières soumises à l'enquête en denrées alimentaires. Et ainsi elle a pu dresser le tableau ci-contre, qui est éloquent. (*Voir page 4.*)

L'importance de la famille étant de 28 à 24 pour 100 plus faible en France, et le pourcentage de la somme alimentaire n'étant que légèrement plus faible, la dépense hebdomadaire française est de 27 à 21 pour 100 plus élevée par tête qu'en Angleterre pour les familles ayant un même revenu, différence se chiffrant par 1 fr. 05 à 1 fr. 10 par tête.

Si un ouvrier anglais de condition moyenne, avec une famille moyenne, allait s'installer en France, en Allemagne ou en Belgique, en conservant, autant que possible, son *modus vivendi* accoutumé et en achetant les mêmes quantités de nourriture et de combustible, combien aurait-il de plus à payer ? L'enquête fournit la réponse suivante : si l'on représente la dépense en Angleterre par le nombre index 100, on

Revenus hebdomadaires.

	AU-DESSOUS DE 31 fr. 25	DE 31 fr. 25 A 37 fr. 50	DE 37 fr. 50 A 43 fr. 75	DE 43 fr. 75 A 50 fr.	AU-DESSUS DE 50 fr.
Royaume-Uni. Nombre moyen d'enfants.	31	3.3	3.2	3.4	4.4
Dépenses totales d'alimentation	18.10	22.55	26.20	28.25	37.40
France Enfants	1.7	1.8	1.9	2.1	2.9
Alimentation	16.58	20.45	23.65	28.40	35.25
Allemagne Enfants	2.3	2.5	2 5	2.8	3.8
Alimentation	17.80	21.25	23.75	26.65	34.50
Belgique Enfants	2.2	2.5	2.9	3.2	3.9
Alimentation	16.80	21.95	25	28.50	37.35

trouve 118 en France, 102 en Belgique, 118 en Allemagne ; en excluant le charbon, 111 en France,
99 en Belgique, 117 en Allemagne.

La comparaison du coût total du loyer et de l'alimentation dans les pays visés est également édifiante.
Si l'on représente par 100 le coût de l'alimentation et
du loyer brut (taxe locale comprise) en Angleterre,
on obtient 110 pour la France, 115 pour l'Allemagne,
91 pour la Belgique. Avec le loyer net (taxe locale
non comprise), on obtient 100 pour l'Angleterre,
114 pour la France, 119 pour l'Allemagne, 94 pour
la Belgique.

Si, d'autre part, on suppose une famille française,
allemande ou belge, allant vivre en Angleterre et
conservant son *modus vivendi* accoutumé, on obtient
les relations suivantes : quand elle aura dépensé
100 en Angleterre, elle aurait eu à dépenser dans son
propre pays (charbon exclu), la famille française 106,
la famille allemande 106, la famille belge 98.

En ce qui concerne les salaires et la durée du
travail, l'enquête du Board of Trade a établi le rapport des salaires hebdomadaires prédominants dans
les industries du bâtiment, de la mécanique et de
l'imprimerie :

	Bâtiment.	Mécanique.	Typographes.
Angleterre	100	100	100
France	69	81	85
Allemagne	77	88	83
Belgique	59	66	69

Et voici le rapport du nombre moyen des heures de travail :

	Bâtiment.	Mécanique.	Typographes.
Angleterre	100	100	100
France	120	114	113
Allemagne	111	112	103
Belgique	128	114	114

En fin de compte on peut résumer dans le tableau général suivant l'enquête du Board of Trade. (*V. p.* 7.)

Et la Ligue du libre-échange de conclure : ces chiffres montrent que la politique du libre-échange est la politique des hauts salaires et de la vie à bon marché.

Utilisant ensuite les documents de l'Office du travail, chiffrons la ration réelle moyenne de la famille française et la part du droit de douane dans le coût de la vie.

Pour un ménage-type de 4 personnes, la ration réelle par mois comprend : 50 kilos de pain, 10 kilos de bœuf, 4 kilos de lard, 6 douzaines d'œufs, 34 litres de lait, 22 kilos de pommes de terre, 44 litres de vin ou 80 litres de bière ou 100 litres de cidre. Et l'Office du travail évalue la dépense moyenne mensuelle pour cette ration insuffisante à 55 francs sans la boisson, à 69 francs avec la boisson, sans sucre, ni épicerie, ni café, ni légumes autres que les pommes de terre. Si l'on compare cette dépense au salaire, en

	ANGLETERRE	FRANCE	ALLEMAGNE	BELGIQUE
Loyers bruts anglais (taxes comprises), comparés aux loyers (sans taxes) dans les autres pays . . .	100	80	101	61
Loyers nets anglais comparés aux loyers nets . . .	100	98	123	74
Coût de l'alimentation et du chauffage pour une famille ouvrière vivant à l'anglaise.	100	118	118	93
Coût du loyer (affecté du coefficient 1 et dépense en alimentation et combustibles (affectée du coefficient 4) :				
1° Avec le loyer brut (y compris la taxe locale anglaise)	100	110	115	91
2° Avec le loyer net (sans la taxe locale anglaise). .	100	114	119	94
Gain hebdomadaire des ouvriers de même catégorie dans 3 industries (bâtiment, construction mécanique, typographie).	100	75	83	63 ·
Durée du travail par semaine dans les mêmes industries.	100	117	111	121
Taux horaire des salaires dans les mêmes industries.	100	64	75	52

admettant qu'il n'y ait pas un seul jour de chômage au cours de l'année, on obtient :

		SALAIRE annuel.	NOURRITURE avec boisson.	0/0
*Départe-**ments.*	Manœuvres	825	830	Déficit.
	Ouvriers de métier.	900	830	91 0/0
Seine :	Manœuvres. . . .	1.500	948	63 0/0

Même pour l'ouvrier de métier dans les départements, si l'on ajoute le loyer, on arrive à un déficit.

Eh bien, revenons à la famille ouvrière — type de l'Office du travail — et examinons la part prélevée par les droits de douane sur son alimentation (que nous avons trouvée insuffisante) :

```
600 kilos de blé à 7 francs. . . . . . . .     42  »
120     —      viande à 35 francs. . . . .     42  »
 48     —      lard à . . . . . . . . . . .     12  »
264     —      pommes de terre à 0.40 . .      1  »
57.600 œufs à 6 . . . . . . . . . . . .         3 45
               Total, par an. . . . . . .     100 45
```

Soit, pour ces seules dépenses strictement indispensables pour ne pas mourir de faim, de 10 à 15 pour 100 de l'alimentation. Et la part du droit de douane prélevée sur le salaire est d'autant plus grande que le salaire est moins élevé.

M. Paturel ajoute sur ce point :

« On peut objecter que le droit de douane ne joue

pas toujours complètement, bien que depuis des mois il joue pour plus de sa valeur. M. des Essarts a calculé que pour le blé il occasionnait en France un renchérissement moyen de 5 francs par quintal. Mais les droits entraînent d'autres majorations qui compensent et au delà la différence. Additionnant les prix unitaires de 46 articles différents et usuels d'épicerie en Angleterre et en France, M. des Essarts a établi qu'il faudrait payer 101 francs en France, ce qu'on aurait pour 84 francs en Angleterre. Enchérissement : 17 francs, dont 12 francs pour les droits de douane, le reste représentant le coût des entraves qui font cortège au protectionnisme. « On ne vient pas volontiers sur un marché, dit M. de Molinari, quand c'est une souricière d'où l'on ne pourra plus sortir. »

Enfin, si l'on considère que 40 millions de Français forment 10 millions de familles de quatre personnes identiques à celle prise comme type par l'Office du travail, on voit que le renchérissement total pour toute la nation atteint *un milliard de francs!*

Notre économiste, ayant ainsi chiffré le coût du régime protectionniste, montre en termes sévères les conséquences du genre de vie imposé aux ouvriers par ce régime.

Déjà M. Cheysson avait dit que le protectionnisme accule le ménage ouvrier à l'un des trois partis suivants :

1° Ou dilater ses recettes ;

2° Ou diminuer ses consommations;

3° Ou compenser leur plus-value par des réductions sur les autres chapitres du budget des dépenses.

Or, s'il prend le premier parti, il se trouve entraîné au travail de la femme dans l'atelier. C'est alors l'éducation des enfants laissée à la rue ; c'est le dépérissement, faute d'entretien, des vêtements, du linge et du mobilier ; c'est la cuisine improvisée hâtivement, malsaine et coûteuse ; c'est le taudis substitué au foyer, la défection du père et la désagrégation de la famille. Tel est le prix du gain extérieur de l'ouvrière.

S'il prend le deuxième parti, alors la nourriture devient insuffisante pour faire face à la déperdition de force vitale. Le malheureux boit pour tromper sa faim et pour atténuer dans son esprit la vision de la maladie ou du chômage possibles.

On a rappelé fort à propos à ce sujet que, parmi les fléaux engendrés par l'alcoolisme, il faut mettre au premier rang la folie et la tuberculose. Contre celle-ci, les hygiénistes s'accordent à recommander la suralimentation. « Mange beaucoup, dit le médecin, et garde-toi de l'alcool qui ne te donne que l'éphémère illusion de la force. » — « Paye beaucoup d'impôts pour manger peu », réplique le protectionniste, qui pousse le malade à rechercher dans l'alcool l'illusoire supplément d'alimentation dont il sent le besoin.

Si enfin le ménage ouvrier s'arrête au troisième parti : réduire les dépenses relatives au vêtement, il s'expose à souffrir du froid ou à déchoir. S'il réduit le loyer, les conséquences sont plus douloureuses encore. Toutes les études consacrées à cette question ont fait ressortir la funeste influence des maisons insalubres sur la santé publique.

« Le taudis, dit M. Cheysson, est la source empoisonnée d'où jaillissent, à jet continu, la tuberculose, l'alcoolisme, la mortalité infantile, la haine — en un mot, toutes les misères sociales. » Les hygiénistes sont unanimes à réclamer l'amélioration du logement des plus pauvres. Pourquoi donc forcer les ouvriers à réduire encore la dotation déjà insuffisante des crédits consacrés au loyer?

Dans la dernière partie de son travail, s'appuyant sur les statistiques, M. Paturel s'efforce d'établir une corrélation entre l'élévation des droits de douane et la mortalité. Mais ici l'argumentation est infiniment plus spécieuse, et nous ne saurions le suivre sur ce terrain.

Ne retenons que les conclusions tirées de l'enquête du Board of Trade et de l'Office du travail : la condition des ouvriers est d'autant plus mauvaise que le protectionnisme sévit davantage dans un pays.

Juin 1911

Le Prix des lois « sociales »

LE PRIX DES LOIS « SOCIALES »

I

PREMIÈRE ENQUÊTE

A propos du renchérissement de la vie. — Le commerce,
l'industrie et les lois « sociales ». — Ce qu'elles coûtent. —
Une enquête dans les corporations parisiennes. — Les
doléances de l'alimentation. — Le budget d'un petit patron,
d'un moyen patron, d'un gros patron. — A travers les ateliers. — Quelques chiffres.

Pour expliquer le renchérissement continu de la
vie, on a invoqué quatre causes principales : la suc-
cession de plusieurs années déficitaires, qui a
raréfié notre production nationale en denrées agri-
coles ; le régime protectionniste, qui n'a pas permis
de compenser sans grands frais ce déchet par la
production étrangère ; la hausse progressive des
salaires, qui augmente constamment les prix de
revient ; et enfin les lois sociales.

Toutes ces causes sont réelles : on l'a vu par les

études que le *Temps* a consacrées à chacune d'elles. Toutefois la dernière a été contestée. C'est pourquoi j'ai voulu en dégager l'importance avec autant de précision que possible. En somme, le problème se posait de la façon suivante : combien coûtent à l'industrie et au commerce français les lois dites « sociales » dont le Parlement nous a gratifiés depuis une douzaine d'années ?

La réponse à cette question serait précieuse, car enfin, on peut faire le raisonnement suivant : s'il est établi qu'en moyenne chacune de ces lois diminue de 3 pour 100, par exemple, les bénéfices de l'industrie et du commerce, il suffira d'une trentaine de votes semblables du Parlement pour ruiner toute entreprise dans notre pays. C'est fatal; à moins que le commerce et l'industrie ne se déchargent du fardeau sur les épaules de tout le monde en élevant leurs prix de vente. Seulement, au lendemain du vote de la 33e loi sociale, la valeur des marchandises aura augmenté de cent pour cent : une paire de chaussures ordinaires, par exemple, pourra coûter jusqu'à 95 francs, et alors les citoyens, à commencer par ceux dont le budget reste invariable et modeste, seront réduits à marcher pieds nus !

Ce raisonnement est poussé à l'extrême; mais il n'est pas absurde. Et voilà pourquoi il m'a paru intéressant de rechercher l'incidence des lois en question sur l'industrie et le commerce, de la chiffrer.

Ce n'était point chose facile. Tout d'abord, il fallait distinguer entre les lois qui ont une répercussion directe, immédiate sur les citoyens qu'elles visent, et celles qui ont une répercussion indirecte et plus ou moins lointaine. Prenons l'assistance aux vieillards, par exemple. C'est une loi « sociale ». Comment calculer ce qu'elle coûte au commerce et à l'industrie, alors que ses effets varient de commune à commune, suivant le nombre des assistés, et que la somme à payer est répartie sur l'ensemble des contribuables? Par contre, il est possible de savoir ce que la loi sur les accidents du travail a coûté à un employeur déterminé.

Eh bien, j'ai retenu quatre de ces lois « sociales » à incidence directe :

La loi sur les accidents du travail ;
La loi de 1900 sur le travail des enfants ;
La loi sur le repos hebdomadaire ;
La loi des retraites ouvrières.

Et j'ai chiffré les charges qu'elles ont imposées aux petits, aux moyens et aux gros industriels ou commerçants. Seulement, comme il s'agissait moins de dresser un bilan total que de jeter des coups de sonde, j'ai limité mon enquête à Paris et à une quarantaine de corporations. La place dont je dispose ne me permettra même pas de publier tous les résultats ainsi obtenus ; mais les exemples que je choisirai suffiront, je pense, pour donner une idée assez précise du coût des lois « sociales ».

Au début de cette enquête, il convient de le reconnaître, j'avais pris un faux départ. J'avais pensé naïvement qu'une visite à des industriels ou à des commerçants honorables, mais pris au hasard dans des corporations et dans des quartiers très différents, me révélerait ce que je cherchais. Mais ce système donna de certains mécomptes qui m'obligèrent à l'abandonner.

Le premier commerçant sur qui j'avais jeté mon dévolu était un tailleur du quartier du Sentier. Coïncidence singulière : c'était celui que Tristan Bernard a mis en scène dans les *Mémoires d'un jeune homme rangé*. Du moins, la maison et l'appartement correspondaient parfaitement au signalement qu'en donne l'humoriste : « L'escalier montait tout droit jusqu'à l'entresol, à la loge du concierge ; puis, après cette formalité, se livrait dans sa cage obscure à des combinaisons de paliers et de détours imprévus, de sorte que le tailleur habitait à un étage mal défini. » Et quand je fis mon entrée, je reconnus les objets signalés par Tristan Bernard dans son inventaire descriptif : le tuyau de poêle oblique, qui traversait la pièce dans toute sa largeur ; les images exprimant l'éloge suranné de M. Thiers, soit qu'on le montrât en apothéose, sur son lit mortuaire, soit, vivant encore, au milieu du Parlement, et recevant vénérablement l'acclamation de Gambetta, qui saluait en lui le libérateur du territoire.

— Je vous prie, dis-je, d'excuser mon importunité. Je voudrais étudier sur votre métier l'incidence de certaines lois sociales, par exemple celle des accidents du travail. Combien payez-vous...?

Je n'oublierai jamais la physionomie du tailleur quand j'eus prononcé ces premiers mots. Son regard était empreint d'une tristesse morne. Ah! ce n'était pas l' « arrogant mangeur d'épingles » devant qui le jeune homme rangé se sentait gêné. C'était un homme ahuri et navré.

Mais déjà sa femme s'était dressée, hostile :

— Monsieur, vous êtes le troisième « assureur » qui vient ici depuis hier matin. C'est trop. Vous perdez votre temps.

Ce disant, elle m'accompagna jusqu'au seuil et ferma la porte à clef. Et voilà le résultat de ma première visite.

Par la suite, j'essuyai d'autres échecs. C'est ainsi que, tombant à l'improviste chez un marchand de primeurs le jour même du mariage de sa fille, je fus accueilli par une bande d'enfants qui, me prenant sans doute pour un invité, organisèrent autour de moi une ronde bruyante. Une autre fois, je me présentai chez un hôtelier à qui un inspecteur venait de dresser une contravention. Il était de fort méchante humeur, et me dit crûment ce qu'il pensait « des lois sociales, du gouvernement et de bien d'autres choses encore ».

Bref, l'enquête n'avançait pas. Fort heureusement, un industriel me donna un conseil :

— Allez voir les présidents de syndicat, d'abord ; ceux-là ont des vues d'ensemble sur leur corporation ; ils ont médité et discuté sur les questions qui vous intéressent. Ceux-là vous donneront des indications générales ; et vous pourrez ensuite aller vérifier ces indications chez des commerçants, en vous présentant de la part des premiers.

Ainsi je fis. Et j'ai pu de la sorte pousser mon enquête dans quarante corporations différentes. A la tête de tous les syndicats qui ont accueilli le reporter du *Temps*, j'ai trouvé des hommes dénués de parti pris, solidement documentés, connaissant sur le bout du doigt les intérêts de leur branche industrielle ou commerciale, rarement réfractaires aux idées de progrès social, mais s'attachant à prévoir les conséquences de toute nouveauté, de toute initiative, à établir le prix de revient d'une réforme comme le prix de revient d'un article manufacturé. Beaucoup m'ont inspiré des sujets d'étude, dont le *Temps* profitera.

———

C'est par l'alimentation que j'ai commencé. Cette corporation fut particulièrement menacée et éprouvée par la loi sur le repos hebdomadaire.

Elle est touchée à des degrés divers par la loi sur les accidents du travail et par celle des retraites. Il convient de noter que cette dernière n'a pu encore être appliquée, les ouvriers ou employés, m'a-t-on affirmé, n'ayant produit qu'un nombre infime de carnets. Nous raisonnerons toutefois comme si elle fonctionnait.

Restaurateurs, limonadiers. — La prime d'assurance contre les accidents s'élève à 15 francs par employé et par an. Si donc un établissement de moyenne importance compte 14 employés, le coût total de la loi se chiffre par $14 \times 15 = 210$ francs. Aux 210 francs il faut ajouter un prélèvement de 0,04 pour 100 effectué au principal de la patente pour la prime des petits patrons assurés d'office, mais ne payant pas.

Le salaire moyen est de 8 francs par jour (en comptant la nourriture et le logement). Les salaires n'ayant pas diminué après le vote du repos hebdomadaire, le patron ayant remplacé chaque employé par un extra un jour sur sept, la réforme a donc grevé notre patron moyen d'un supplément de dépenses de 5.824 francs par an.

On peut objecter que le jour de son congé, l'employé n'est pas nourri. Mais en fait, il prend ses deux premiers repas chez le patron ; et souvent, le soir, il revient pour le troisième. En tout cas, on n'évalue pas le supplément de dépenses à moins de 5.000 francs.

Enfin l'incidence de la loi des retraites apparaît immédiatement : si les 14 employés sont tous des hommes, elle se chiffre par $14 \times 9 = 126$.

La loi sur les accidents, la loi sur le repos hebdomadaire et la loi des retraites coûtent donc à notre patron moyen environ 5.350 francs.

Pour être exact, il faudrait défalquer de ce total ce que notre commerçant payait en primes d'assurance avant la loi de 1898 et les congés plus ou moins longs qu'il donnait chaque année à son personnel (si ces congés étaient payés); mais c'est un calcul à peu près impossible. Je me contente de faire la réserve.

Bouchers. — Nous prendrons comme type du petit patron celui qui emploie un commis, comme type du moyen celui qui en emploie quatre, comme type du gros patron celui qui en emploie dix.

Les salaires varient de 8 à 45 francs par semaine, non compris la nourriture et le couchage, évalués à 3 francs par jour.

La prime d'assurance coûte, à la Mutuelle de l'alimentation, 30 francs par employé et par an.

Le repos hebdomadaire est donné à raison d'une demi-journée le dimanche et d'une demi-journée dans la semaine. Le commis au repos n'est généralement pas remplacé.

A un patron moyen, la loi sur les accidents et la loi sur les retraites imposent un supplément de 156 francs.

Laitiers-nourrisseurs. — Il y a à Paris 106 laitiers-nourrisseurs occupant un personnel de 350 hommes : 300 embauchés pour toute l'année à raison de 147 fr. 50 par mois (compris la nourriture et le logement) et 50 embauchés pour la saison à raison de 167 fr. 50.

La prime d'assurance contre les accidents est de 1,25 pour 100 du salaire pour les trayeurs, de 2,50 pour 100 pour les livreurs.

Le repos hebdomadaire est inapplicable, car la vache perd une notable partie de son lait si on change le commis qui la trait. La corporation bénéficie donc d'une tolérance.

Au total, la loi sur les accidents coûte à un laitier-nourrisseur de moyenne importance 120 francs et la loi des retraites 31 fr. 50.

Boulangers. — Un petit patron occupe en moyenne un ouvrier, une porteuse, une bonne; un moyen, deux ouvriers, deux porteuses, une bonne ; un gros, vingt ouvriers, huit porteurs, quatre vendeuses à la boutique, une bonne. Les salaires moyens se répartissent ainsi : un ouvrier, 10 fr. 50 par journée de travail; une porteuse, 18 fr. 50 par semaine (y compris 1 kilo de pain par jour); un porteur, 120 francs par mois, plus la nourriture et le logement (3 francs par jour); une vendeuse à la boutique, 40 francs par mois, plus la nourriture et le logement; une bonne 35 francs par mois.

La prime d'assurance varie entre 6 francs (vendeuses de boutique) et 20 francs (forts montant les farines). Elle est de 45 francs pour les ouvriers travaillant dans une maison qui emploie un pétrin mécanique. Coût pour un petit patron : 35 francs; pour un moyen, 65 francs; pour un gros, 480 francs. S'il y a un pétrin mécanique, ces chiffres doublent.

La loi sur le repos hebdomadaire est jugée inapplicable par les boulangers. Voici, d'ailleurs, dans quels termes ils ont formulé leurs doléances :

— La boulangerie demande que le repos hebdomadaire puisse être remplacé par un repos groupé de treize jours tous les trois mois, à prendre en une ou plusieurs fois, au gré de l'ouvrier.

« Les principaux motifs de cette demande sont :

« *a*) Insuffisance d'ouvriers pour assurer le placement des 1.000 à 1.100 ouvriers qui, rien que dans le département de la Seine, se reposeront journellement. Difficulté encore plus insurmontable pour les boulangers de province, qui recrutent leurs ouvriers dans des centres souvent éloignés;

« *b*) Fabrication défectueuse résultant du changement continuel d'ouvriers;

« *c*) Obligation pour le patron de passer toutes ses nuits au fournil, pour mettre les remplaçants au courant du travail de la maison;

« *d*) Inconvénient grave d'employer dans la fabrication du pain des ouvriers totalement inconnus.

« Pour garantir aux ouvriers que le mode de repos qu'ils auront choisi leur sera bien donné, une disposition spéciale de loi obligerait les patrons à reprendre à leur service les ouvriers venant de se reposer. (C'est ce qui existe déjà pour les ouvriers et employés en général, obligés de quitter leur emploi pour accomplir une période d'instruction militaire). »

Quoi qu'il en soit, si la loi était régulièrement appliquée, chaque patron devrait augmenter son personnel d'un septième. Coût pour un petit boulanger : 562 francs; pour un moyen : 1.120 francs; pour un gros : 12.490 francs.

Les retraites ouvrières coûteront 21 francs à un petit patron, 36 à un moyen, 258 à un gros.

Enfin le travail des enfants ne saurait être envisagé, les ouvriers arrivant tout formés de la province et ne voulant pas instruire les enfants dans la profession. Les rares apprentis parisiens sont les fils de petits patrons boulangers.

Épiciers. — Prime d'assurance : 12 francs par employé et par an.

Le repos hebdomadaire est donné à raison d'une demi-journée le dimanche et d'une autre demi-journée dans la semaine (ou d'une journée de semaine par quinzaine).

Tant qu'une épicerie ne comporte pas plus de 6 commis, on n'y remplace pas ceux qui sont au repos; mais si elle dépasse cet effectif, le remplacement se fait. Coût : le prix de la journée d'un extra (4 francs en argent et 2 francs en nourriture) multiplié par le nombre de commis. Coût dans les autres cas : supplément de travail d'autant plus fort que la boutique est de plus petite importance :

Et voici le bilan pour un patron occupant 10 commis :

Accidents du travail.	120
Repos hebdomadaire.	1.440
Retraites ouvrières.	90
Total.	1.650

Passons maintenant en revue une série d'industries ou de commerces « parisiens », tels que l'ameublement, la plume, la fleur, la tabletterie, etc.

Ameublement. — Dans l'ameublement, il y a lieu de distinguer entre les ouvriers travaillant à la machine et ceux travaillant à la main. Un petit patron occupe 10 ouvriers de la seconde catégorie. Un patron moyen occupe 30 ouvriers (environ 10 pour 100 emploient des machines, avec 2 machinistes). Un gros patron occupe 200 ouvriers, 80 à la machine, 120 à la main.

La prime d'assurance étant de 0,50 pour 100 du salaire pour les ouvriers à la main, et de 2,50 pour 100 pour les autres, la loi sur les accidents coûte, sachant que le salaire varie entre 0 fr. 80 et 1 fr. 10 par heure, avec la journée de 10 heures : 166 francs à un petit patron, 500 francs à un moyen patron n'ayant pas de machines, 633 francs à un moyen patron ayant des machines, 8.658 francs à un gros patron.

L'ameublement est une industrie saisonnière. La loi sur le repos hebdomadaire étant observée sans dérogations, l'incidence apparaît immédiatement : c'est une aggravation d'un septième pendant le temps de presse.

La loi sur le travail des enfants ayant réduit à dix heures la durée de la journée dans les ateliers employant des mineurs, certains patrons n'ont plus formé d'apprentis pour garder la journée de onze ou douze heures ; d'autres ont continué de former des apprentis, mais ont vu leur production, et par suite leurs bénéfices, réduits d'un ou deux douzièmes.

Enfin la loi des retraites coûte 90 francs à un petit patron, 270 à un moyen, 1.800 à un gros.

Tabletterie, éventails. — Un petit patron, travaillant lui-même, occupe 6 ouvriers (4 hommes et 2 femmes) et 1 vendeur; un moyen, 20 ouvriers (14 hommes et 6 femmes) et 3 vendeurs; un gros, 100 ouvriers (70 hommes et 30 femmes) et 15 vendeurs. Un ouvrier gagne, en atelier, 9 francs par jour, une ouvrière 3 fr. 50, un vendeur 3.500 francs par an.

La prime d'assurance représentant de 1 franc à 1 fr. 30 pour 100 des salaires, la loi sur les accidents coûte 188 francs à un petit patron, 630 francs à un moyen, 3.100 francs à un gros.

Le repos dominical était observé avant la loi.

La loi sur le travail des enfants a provoqué l'exode des apprentis.

La loi des retraites coûte à un patron moyen environ 175 francs.

Plumassiers. — Voilà une industrie variable à l'infini : variable comme activité, car des caprices de mode peuvent la mettre sur les dents ou la réduire à l'oisiveté; variable comme bénéfices, si l'on songe qu'une baisse subite peut faire tomber de 10.000 à 5.000 francs le prix d'un kilogramme de plumes, lequel kilogramme de plumes est traité par deux ou trois ouvrières !

La prime d'assurance étant de 0,40 pour 100 des salaires, et le salaire moyen d'une ouvrière étant de 5 francs, la loi sur les accidents coûte 600 francs à un patron occupant 100 ouvrières pendant 300 jours.

Le repos dominical existant dans la corporation, la loi sur le repos hebdomadaire n'a grevé le budget du plumassier d'aucune charge nouvelle.

Et quant à la loi des retraites, elle contraint le patron employant 100 ouvrières — 50 âgées de moins de 18 ans et 50 adultes — à un versement de 525 francs environ.

Fleurs artificielles. — C'est la sœur de l'industrie précédente : en cas de chômage dans la première, la plumassière se fait fleuriste, et inversement.

Un petit patron occupe 4 femmes et 1 homme ; un moyen, 20 femmes et 2 hommes ; un gros, 200 femmes et 10 hommes. Une ouvrière gagne de 3 à 6 francs par jour, un homme de 5 à 12 francs.

La prime d'assurance étant de 0,40 pour 100 des salaires, le coût de la loi sur les accidents du travail est le même que chez les plumassiers.

Mêmes analogies au regard des autres lois.

Il nous reste à examiner maintenant les corporations où l'incidence des lois sociales apparaît d'une manière plus précise et plus claire, où l'on peut la chiffrer presque exactement.

II

D'ATELIER EN ATELIER

Les effets des lois. — Ceux qui sont éprouvés directement;
ceux qui ne sont touchés qu'indirectement. — Les petits
et les gros. — Suite de l'enquête. — Le budget d'un petit
tailleur parisién. — Pharmacien et teinturier. — Dans le
salon d'un coiffeur. — Le travail dans une tannerie. — Des
chiffres.

Les exemples cités dans le premier chapitre de
cette étude ont permis de voir combien l'incidence
des « lois sociales » varie, non seulement avec le
genre de commerce ou d'industrie, non seulement
avec les membres d'une corporation, mais encore
avec les membres d'une corporation exploitant des
maisons d'importance sensiblement égale. Déjà nous
pouvons en « catégoriser » les effets.

S'agit-il de la loi sur les accidents du travail?
D'abord, elle apparaît comme plus onéreuse — et
c'est assez naturel — pour l'industriel qui n'assurait
pas son personnel avant 1898 que pour l'indus-

triel qui avait pris avant cette date cette sage précaution.

Ensuite, si nous choisissons deux industriels du
même corps de métier, nous constatons que leurs
primes d'assurance diffèrent s'ils n'ont pas passé
contrat avec la même société ou avec la même
caisse. Et enfin auraient-ils passé contrat avec la
même société ou avec la même caisse, bien que
soumis à des tarifs identiques, ils seraient inégale-
ment surchargés : l'aggravation de poids est —
proportionnellement — plus sensible au petit qu'au
grand patron.

Même guitare pour le repos hebdomadaire.
D'abord cette loi n'a pas touché directement ceux
qui avant sa promulgation chômaient un jour sur
sept : elle ne les a atteints que comme tout le
monde, par un choc en retour, par l'augmentation
des prix de vente chez ceux dont elle accroissait les
frais généraux, et partant, les prix de revient. Elle
n'a pas touché non plus directement les industriels
ou les commerçants qui peuvent, sans gros préju-
dice, fermer leurs ateliers ou leurs magasins pendant vingt-quatre heures. Mais les autres — ceux
du moins qui n'ont pu bénéficier de tolérances ou de
dérogations suffisantes — ont dû augmenter d'un
septième l'effectif de leur personnel. Coût : un septième des salaires en plus, au moins pour les em-
ployeurs qui n'ont pas rogné la paye de leur main-
d'œuvre à raison du repos hebdomadaire obligatoire.
Et cela sans compter de multiples inconvénients,

comme ceux résultant de l'embauchage d' « extras »
non familiarisés avec le matériel, la clientèle, les
usages de la maison. En outre on voit qu'ici encore
le petit patron a été — proportionnellement — plus
éprouvé que le grand.

— Le repos hebdomadaire nous coûte 10.000 fr.
par an, me disait l'un des gérants d'une importante
pharmacie. C'est beaucoup; mais c'est peu, en regard
de notre chiffre d'affaires.

— Le repos hebdomadaire m'accable, me disait
un petit marchand de vin de la rue de la Roquette !
Le jour où mon « personnel » le prend, je remplace
moi-même mon unique garçon; je fais durant vingt-
deux heures la besogne de deux personnes. Et c'est
une charge... de mulet !

La loi Millerand-Colliard, qui a réduit à dix heures
la journée de travail dans les ateliers réunissant des
femmes et des enfants au-dessous de dix-huit ans,
a eu une répercussien particulièrement sensible sur
la grande industrie qui retenait onze et douze heures
les ouvriers à la besogne. Les patrons qui voulurent
quand même maintenir leur production renvoyèrent
femmes et enfants : ce fut la ruine de l'apprentissage ;
et en outre il fallut souvent confier à des adultes le
travail confié auparavant aux « petites-mains », d'où
une augmentation du prix de la main-d'œuvre. Les
autres, préférant assurer le recrutement des apprentis, réduisirent la journée à dix heures ; mais en
même temps leur production se trouva réduite d'un

onzième ou de deux douzièmes, d'où nécessité d'une augmentation de matériel et de personnel.

On invoque, il est vrai, des expériences faites dans le Nord. Ces expériences ont révélé que la production n'augmentait pas de façon appréciable quand on prolongeait de dix heures à onze heures et demie, et même à douze heures la durée de la journée de travail. Mais il convient de remarquer que ces expériences ont été limitées au département du Nord, et à une spécialité industrielle : tissage et filature.

Reste la loi des retraites. Celle là, imposant un taux uniforme à tout le monde, pèsera, comme les deux premières, plus lourdement sur le petit, et surtout sur le moyen patron, que sur le gros.

Ceci dit, poursuivons notre enquête à travers les corporations parisiennes du petit et du moyen commerce, de la petite et de la moyenne industrie.

Tannerie, mégisserie, corroierie. — Un petit tanneur (cette catégorie disparaît peu à peu) emploie de 4 à 5 ouvriers, un tanneur moyen de 15 à 20, un gros tanneur de 40 à 50. Un manœuvre gagne environ 4 fr. 50 par jour, un ouvrier 8 francs. La proportion du nombre des manœuvres par rapport au nombre d'ouvriers varie suivant les spécialités : admettons qu'elle soit d'un tiers. Il s'ensuit qu'un petit patron paye par an, 9.225 francs de salaires, un moyen 35.824 francs, un gros 92.250 francs.

La prime d'assurance étant de 1,35 pour 100 des salaires, la loi sur les accidents du travail coûte 124 fr. 50 au premier, 483 fr. 60 au second, 1.245 fr. 35 au troisième.

Le repos hebdomadaire est une tradition dans la corporation.

Mais la réduction de la journée de travail de onze heures à dix heures a coûté 10 pour 100 des salaires, soit 922 fr. 50 au petit patron, 3.582 fr. 40 au moyen, 9.225 francs au gros.

Enfin la loi des retraites a coûté 40 fr. 50 au premier, 156 fr. 50 au second, 405 francs au troisième.

Total des charges résultant des quatre lois : 1.087 fr. 50 pour le premier, 4.223 francs pour le second, 10.875 fr. 35 pour le troisième.

Pharmaciens. — Un petit pharmacien gère seul sa boutique; un moyen emploie de 1 à 3 élèves et de 1 à 3 garçons de magasin; un gros 10 élèves ou employés et 12 garçons de laboratoire ou de magasin. Un élève gagne de 250 à 300 francs par mois; un garçon, 35 francs par semaine.

La prime d'assurance s'élevant à 0 fr. 50 pour 100 des salaires, la loi sur les accidents du travail coûte 38 fr. 40 à un moyen patron, 274 fr. 20 à un gros.

Le repos hebdomadaire entraîne comme chômage : un dimanche sur deux et deux jours de semaine par mois. Si le personnel au repos n'est pas remplacé, surcroît de besogne pour le personnel resté au travail. S'il est remplacé, le total des salaires s'accroît d'un septième : de 1.097 francs pour une pharmacie moyenne, de 7.834 francs pour une grande pharmacie.

Enfin la loi des retraites coûte 13 fr. 50 en moyenne à la première, 108 francs à la seconde, sans compter le versement patronal pour les employés gagnant plus de 3.000 francs et ayant la faculté de profiter de la loi (1).

Mercerie. — J'entends par là le commerçant en mercerie n'occupant guère plus de 10 employés ; avec un effectif supérieur, on tombe dans le « magasin de nouveautés ».

Eh bien, considérons une mercerie de moyenne importance (6 employés, dont 3 hommes et 3 femmes).

Le temps est passé où un jeune homme embauché dans une semblable boutique pour apprendre le commerce devait payer au patron une redevance de 600 à 800 francs. Aujourd'hui on prend ce jeune homme « au pair ». Et le salaire moyen de nos six employés est de 100 francs par mois, sans compter la nourriture et le logement (3 francs par jour).

Coût de la loi sur les accidents du travail (0, 40 pour 100 des salaires) : 91 fr. 20; coût de la loi sur les retraites ouvrières : 54 francs.

_____

(1) Les employés gagnant plus de 3.000 francs et moins de 5.000 francs peuvent, s'ils le veulent, bénéficier de la loi des retraites. Et dans ce cas, le versement devient obligatoire. Mais j'ai supposé que ces employés dédaignaient le bénéfice de la loi.

Pour ce qui est du repos hebdomadaire obligatoire, on ne saurait en apprécier l'incidence que par comparaison : par exemple, en mettant en parallèle une mercerie du faubourg Saint-Honoré, dont la clientèle n'achète rien le dimanche, et une mercerie de Belleville, dont la clientèle achète surtout le dimanche.

Tailleurs. — Il faut distinguer entre les ouvriers de cette corporation : le coupeur, l'apprêteur qui prépare le travail en atelier, le pompier qui fait les retouches et les réparations, l'apiéceur, le culottier, la giletière, qui travaillent en chambre. Dans une petite maison, le patron remplit généralement l'office de coupeur. Un apiéceur, travaillant avec sa femme, gagne de 3.500 à 4.000 francs; un pompier, 2.000 francs.

Un petit patron emploie un pompier chez lui, un ou deux apiéceurs au dehors; un patron moyen emploie deux pompiers, un apprêteur, quatre ou cinq apiéceurs, un garçon livreur. Le premier atteint un chiffre d'affaires de 15.000 francs environ; le second, un chiffre d'affaires de 40.000 à 50.000 francs. Ils payent respectivement 7 fr. 50 et 17 fr. 50 pour la loi sur les accidents du travail, 13 fr. 50 et 40 fr. 50 pour les retraites. Quant à la loi Millerand-Colliard, elle tarit le recrutement des apprentis.

Teinturiers. — Un petit teinturier emploie 6 personnes (2 professionnels et 4 « petites mains »); un moyen, 20 personnes (5 professionnels et 15 « petites mains »); un gros, 80 personnes (20 professionnels et 60 « petites mains »). La journée de travail est de dix heures ; le professionnel gagne en moyenne 0,77 l'heure, le manœuvre 0,55.

La prime d'assurance étant de 1 fr. 37 pour 100 des salaires, la loi sur les accidents du travail coûte 153 fr. 70 au petit teinturier, 497 fr. 30 au second, 1.989 fr. 25 au troisième.

Le repos dominical est traditionnel dans la corporation. Et quant aux retraites ouvrières, elles astreignent le petit patron à un débours de 48 francs, le moyen à un débours de 157 fr. 50 et le gros à un débours de 630 francs. Reste la loi de dix heures :

— Comment pourrions-nous en calculer l'incidence ? me disait un teinturier du quartier du Louvre. On nous a refusé toute dérogation ; or, notre industrie est essentiellement saisonnière, puisque, à certaines époques de l'année, notre travail s'accroît d'un tiers. Dans ces périodes de presse, force est d'aller vite ; mais la besogne est mal faite, et les clients sont mécontents. C'est à tel point que certains d'entre nous aiment mieux encourir des contraventions que d'abandonner l'ouvrage après la dixième heure et de perdre partie de leur clientèle. D'ailleurs, allez donc chiffrer exactement une diminution de la production, alors que tel article valant 4 francs nous laisse 2 francs de gain, tandis que tel autre article valant 2 francs nous laisse dix centimes ! Avant la promulgation de la loi, nous travaillions 12 heures par jour ; nous avons donc perdu le bénéfice de 600 heures par an.

Coiffeurs. — Un petit coiffeur emploie un ouvrier à demeure et un « extra », et réalise de 4.000 à 7.000 francs d'affaires ; un moyen emploie 2 ouvriers et un « extra », et réalise de 8.000 à 10.000 francs d'affaires ; un gros emploie 10 ouvriers et 5 « extras », et réalise 20.000 francs d'affaires.

La prime d'assurance étant de 5 francs par employé et par an, et le versement patronal pour les retraites de 9 francs, le premier paye 10 francs pour la loi sur les accidents du travail, et autant pour la loi des retraites ; le second 15 francs et 19 francs ; le troisième 75 francs et 96 fr. 50.

Emballeurs. — Le personnel comprend les *hommes d'établi*, qui fabriquent les caisses, les *hommes de ville*, qui emballent et livrent, les apprentis. Un homme d'établi gagne 7 fr. 50, un homme de ville 8 fr. 50, un jeune homme 4 francs.

Un petit patron emploie 4 ouvriers (2 hommes d'établi, 2 hommes de ville) et un apprenti ; un moyen 18 ouvriers (6 hommes d'établi, 12 hommes de ville) et 3 apprentis ; un gros 60 ouvriers (20 hommes d'établi, 40 hommes de ville) et 6 apprentis. Le premier fait en moyenne 40.000 francs d'affaires, le second 80.000, le troisième 140.000.

La prime d'assurance atteignant 3 pour 100 des salaires (à cause de l'emploi des scies mécaniques), la loi sur les accidents du travail coûte 216 fr. 85 au premier, 573 fr. 75 au second, 2.971 francs au troisième.

La corporation observe le repos dominical, sauf 15 dérogations pour la matinée du dimanche.

Les retraites ouvrières astreignent le petit patron à un débours de 40 fr. 50, le moyen à un débours de 175 fr. 50, et le gros à un débours de 567 francs.

Enfin une tolérance a permis d'éviter jusqu'à présent les incidences de la loi de dix heures. Mais si ce régime de faveur cesse, la production sera diminuée ou l'apprentissage sera compromis.

Instruments de précision. — Cette corporation comprend toute une série de spécialités : la jumelle, le microscope, la physique générale, l'astronomie, les instruments de mesure. Un ouvrier travaillant aux pièces gagne en moyenne 3.000 francs par an. Un petit patron en emploie 4, un moyen 15, un gros 90. Au total, et pour Paris, l'ensemble comprend une centaine de patrons et 2.000 ouvriers.

La prime d'assurance varie entre 0,80 et 1,95 pour 100 des salaires; mais elle peut dépasser beaucoup ce dernier chiffre chez les fabricants employant des machines. On admet que la loi sur les accidents du travail coûte 168 francs à un petit patron, 630 francs à un moyen, 3.780 francs à un gros; la loi des retraites 36 francs, 135 francs et 810 francs; la loi de dix heures, un onzième de la production à chacun. Quant au repos hebdomadaire, il est de tradition dans la corporation.

Je bornerai là la série des exemples empruntés au petit et au moyen commerce parisien, à la petite et à la moyenne industrie parisienne.

Dans un troisième et dernier chapitre je citerai des chiffres se rapportant aux plus grandes industries françaises, et j'expliquerai ce qu'on pense en fin de compte des « lois sociales » dans les corporations que j'ai visitées.

III

DANS LA GRANDE INDUSTRIE
ET LE GRAND COMMERCE

Dans le grand commerce et la grande industrie. — Nos grands
constructeurs. — La marine marchande : 25 pour 100 des
salaires en plus. — Les industries d'État; une singulière
comptabilité. — Ce que pensent industriels et commerçants. — On absorbe trop, on ne digère pas. — Des lois
bâclées. — On demande un répit. — Le prix de revient et
les frais généraux.

Une enquête comme celle que je présente aux
lecteurs du *Temps* ne pouvait logiquement être
limitée au petit et au moyen commerce, à la petite
et à la moyenne industrie : elle appelait un prolon-
gement dans le domaine du grand commerce et de
la grande industrie, ne fût-ce que pour permettre
d'établir une comparaison entre l'incidence des
lois sociales sur le petit patron et l'incidence des
mêmes lois sur le gros usinier et l'entreprise à gros
capitaux. J'ai donc poursuivi mes investigations dans

une des plus anciennes minoteries de la Seine, dans
une maison de couture voisine de la place Vendôme,
dans deux fortes usines de construction mécanique,
et enfin dans la marine marchande prise dans son
ensemble : navigation au long cours, cabotage,
...enfin tout l'armement commercial.

Moulin. — Il s'agit d'un moulin mixte, c'est-à-
dire fonctionnant à la fois à l'eau et à la vapeur.
Personnel, 20 hommes; salaires annuels, 50.000 fr.

Depuis le vote de la loi sur les accidents du travail, la prime moyenne d'assurance est passée de
2 fr. 50 à 3 fr. 50 pour 100 des salaires.

La loi sur le repos hebdomadaire plaçait notre
meunier devant cette alternative : ou bien augmenter
son personnel, pour maintenir sa production ; ou
bien sacrifier un septième de sa production (soit
20.800 quintaux en moins) et payer le supplément
de dépenses en combustible et autres résultant du
refroidissement et de la remise en marche de la
machine tous les huit jours. Il a pris le premier
parti :

Total de l'incidence :

Accidents du travail (1 pour 100 en plus) .	500 »
Repos hebdomadaire	7.143 »
Retraites ouvrières	200 »
	7.843 »

Couturier. — Personnel, 815 personnes se répar-
tissant ainsi :

Ouvriers.

600 femmes (40 apprenties, 100 petites mains, 460 adultes), 50 hommes.

Employés.

140 femmes, 25 hommes.

La prime d'assurance s'élève à 0,16 pour 100 des salaires. Le repos hebdomadaire est de règle dans la corporation. La loi sur la durée du travail a abaissé d'une heure le terme de la veillée ; mais des dérogations en nombre suffisant ont permis de combler la lacune. Le compte se présente donc sous la forme suivante :

Accidents du travail	2.500 »
Retraites ouvrières	4.000 »
	6.500 »

Construction mécanique. — Voici une usine parisienne de 700 ouvriers touchant annuellement 1.500.000 francs de salaires.

Depuis 1898, la prime d'assurance est passée de 1 à 5 pour 100. Coût de la loi sur les accidents : 60.000 francs.

Sur l'ensemble des patrons affiliés au syndicat de la construction mécanique (lequel ensemble représente un personnel de 100.000 ouvriers), la loi Millerand-Colliard a provoqué un déchet de 30 pour 100 dans l'effectif des apprentis. L'un a sacrifié des apprentis pour maintenir sa production. L'autre a préféré garder les enfants ; mais il a dû, pour se rattraper, augmenter son matériel d'un cinquième.

Mon usinier parisien, qui a adopté ce dernier système, a acheté 100.000 francs de matériel nouveau : d'où un amortissement de 10.000 francs + un personnel supplémentaire + l'achat d'un terrain pour caser ce matériel nouveau + un supplément d'assurance.

Le repos dominical est de tradition dans la maison depuis sa fondation.

Et enfin la loi des retraites coûte 6.300 francs. En outre de cette usine parisienne, j'ai voulu dresser le même bilan pour une société de plus grande envergure : les Forges et chantiers de la Méditerranée. Ici le personnel comprend 6.000 ouvriers : la moitié d'un corps d'armée !

Avant 1898, la direction avait passé contrat avec une compagnie qui assurait tout l'effectif moyennant une prime de 1 pour 100 des salaires. Après le vote de la loi, cette compagnie prétendit augmenter démesurément cette prime. Les Forges et chantiers préférèrent alors se faire leurs propres assureurs. Coût : 3 pour 100 des salaires + la garantie du capital des rentes à servir, et qui s'élève de plus en plus : soit environ 200.000 francs comme répercussion de la loi sur les accidents.

Le repos hebdomadaire est de règle. La journée de dix heures aussi, mis à part certaines périodes de travail intensif où elle peut être prolongée d'une heure.

Jusqu'à présent les Forges et chantiers servaient aux vieux ouvriers qui prenaient leurs invalides une allocation annuelle renouvelable. Maintenant la loi leur impose une contribution totale de 54.000 francs.

Marine marchande. — La loi du 29 décembre 1905 sur la caisse de prévoyance des marins français a imposé à l'armement une cotisation supplémentaire de 2 pour 100 des salaires des marins et une cotisation de 3 1/2 pour 100 des salaires du personnel naviguant non inscrit.

Les salaires distribués par les armateurs à leurs équipages (pont et machine) étant d'environ 45 millions par an en moyenne, le 2 pour 100 de ces 45 millions donne 900.000 francs. Il convient d'y ajouter 3 1/2 pour 100 sur 5 millions de salaires environ distribués au personnel naviguant non inscrit, soit 175.000 francs. Soit au total 1.075.000 francs.

· Le repos hebdomadaire est prescrit par l'article 28 de la loi de 1907, réglant l'organisation du travail à bord. A cette disposition les syndicats d'inscrits maritimes demandaient qu'on ajoutât : les jours de repos perdus en mer — car, en mer, certaines besognes, comme celles dont dépend la marche du navire, ne sauraient être suspendues — seront remplacés en fin de campagne par autant de congés avec solde. Les compagnies déclarèrent que cette addition dénaturait le sens de la loi et équivalait à une sérieuse augmentation des salaires. Mais les inscrits marseillais soutinrent que c'était bien là l'esprit de la loi ; et M. Ditte, alors président du tribunal de la Seine, pris comme arbitre, leur donna raison. Il y eut dès lors deux catégories d'armateurs : ceux qui acceptèrent la « sentence Ditte » (leur personnel représente 1/4 de l'effectif total des inscrits) et ceux qui, l'ignorant de parti pris, appliquèrent simplement la loi selon son texte. Les premiers ont vu leurs salaires augmenter d'un septième, soit de 1.785.714 francs ; les autres ont vu leurs salaires augmenter, mais d'une manière moins sensible.

Dans ses articles 21-23, la loi de 1907 consacre le principe de l'indemnité supplémentaire à partir d'une limite, d'ailleurs variable suivant les cas : à partir de douze heures pour les hommes de pont, à partir de huit heures pour les chauffeurs et les « hommes de la machine. »

Ainsi, sur bon nombre de bateaux où l'on faisait douze heures à la machine, on ne fait plus que huit heures. Pour certains caboteurs, c'est une augmentation de personnel de quatre hommes. Coût, par an : 4.800 francs + 2.304 francs de nourriture + 3 pour 100 des salaires à la Caisse des invalides, soit 213 fr. 13 + 3 fr. 50 pour 100 à la Caisse de prévoyance, soit 238 fr. 65. C'est donc une dépense totale supplémentaire de 7.555 fr. 80.

Enfin au point de vue des retraites, la loi du 14 juillet 1908 a prévu à la charge des armateurs un versement de 3 pour 100 sur le montant des salaires versés par eux soit à leurs équipages, soit aux agents du service général qu'ils emploient à bord. L'ensemble de ces salaires étant de 45 millions annuellement, c'est une charge annuelle de 3 pour 100 sur 45 millions, soit 1.350.000 francs.

Totaux des lois sociales pour la marine marchande :

Assurance obligatoire.	1.075.000
Retraites.	1,350.000
Loi de 1907 sur l'organisation du travail à bord (en ne tenant compte que de la seule augmentation du personnel ; sans tenir compte des indemnités supplémentaires et autres)	8,552.000
Total général.	10.997.000

Près de 11 millions ! soit environ 25 pour 100 du chiffre des salaires !

A titre d'exemple, voici le décompte de la Compagnie générale transatlantique :

Retraites ouvrières.	
Personnel sédentaire (dockers, charbonniers) 4.640 individus .	38.900
Caisse de prévoyance.	
(Loi du 21 avril 1908 et 21 décembre 1905) 3/5 des salaires (8.469.796 francs) pour 6.621 individus	296.445
Loi sur le repos hebdomadaire.	
Repos hebdomadaire pour 6.621 individus	606.806
Main-d'œuvre supplémentaire employée en plus des remplaçants.	215.000
Total	1.157.151

Comme pour l'industrie privée, j'aurais voulu me rendre compte de l'incidence des lois sociales sur les industries d'État. Elles sont nombreuses : depuis la construction des routes jusqu'au monopole des allumettes, en passant par les canaux, les ports, les tabacs, la marine, les arsenaux, les poudres et salpêtres, le télégraphe, etc.

J'avais choisi la marine : la plus importante au point de vue des capitaux engagés, puisque, en 1900, ce département a dépensé :

Constructions navales.	175.000.000
Fabrication d'artillerie	65.800.000
Travaux hydrauliques.	19.500.000
Soit au total	263.900.000

En chiffres ronds, 264 millions !

Or, il est à peu près impossible de déterminer avec quelque précision l'incidence des lois sociales sur une semblable industrie d'État, parce que la surenchère électorale a souvent fait devancer pour son personnel le vote des lois concernant la généralité des ouvriers. Exemple : la journée de huit heures existe dans la marine depuis 1905, et M. Cuvignot, rapporteur de ce budget devant le Sénat, a pu évaluer à 4.500.000 francs la perte résultant pour le Trésor de la diminution de la journée de travail.

Depuis lors, la solde des ouvriers s'est accrue des crédits supplémentaires que demanda et obtint M. Thomson, et du prix des congés payés qui viennent d'être attribués par la loi des finances de 1911 (660.000 francs). Et ce dernier chiffre sera doublé l'an prochain, car c'est une quinzaine de jours de congé payé qu'on veut accorder aux ouvriers de la marine ; soit une augmentation nette de 4 pour 100 des salaires, si on veut maintenir la production.

Mais, à la vérité, je n'ai pu chiffrer utilement les améliorations « sociales » accordées aux ouvriers de la marine *parce que le coût de ces améliorations ne figure pas dans le prix de revient de la fabrication.*

Oui, tandis que, dans l'industrie privée, la bonne règle exige qu'on mette en regard les dépenses et les recettes, dans l'industrie de la marine d'État on se contente d'un système d'écritures beaucoup plus facile. La comptabilité publique ne demande que la justification des dépenses. Et l'on constate que, dans les prévisions de dépenses soumises au Parlement, notamment pour la construction des navires, on ne fait entrer en ligne de compte que ce qu'on appelle les dépenses directes, effectives, de matières premières et de main-d'œuvre, et les dépenses indirectes qui ne sont que des dépenses d'exploitation : on laisse de côté tout ce que l'industrie privée appelle « les frais généraux. »

S'agit-il de la construction d'un navire, observait un jour le rédacteur maritime du *Temps :* on ne fait entrer dans le devis estimatif que la solde nette des ouvriers ; on ne compte ni les appointements des ingénieurs, ni ceux des chefs d'atelier. On ne retient que les sommes payées pour le travail de construction; on ne tient compte ni des congés payés, ni des soldes d'hôpital, ni des secours, ni des gratifications ; on ne tient compte, en somme, d'aucun des effets des dispositions législatives ou ministérielles, effets qui pourtant pèsent sur le prix de revient de la construction.

En d'autres termes, si la marine a établi un devis pour une construction déterminée à effectuer en 1912, ce devis devrait comprendre sous la rubrique « dépenses » toutes les incidences de ces dispositions législatives, puisque, en fait, ce sont des majorations de dépenses portant sur l'exercice tout entier et influant sur le prix de revient de la construction. Eh bien, non : les congés payés (1.320.000 francs en 1912) figurent au chapitre des « gratifications, secours et subventions », lequel chapitre est écarté de l'annexe des constructions neuves qui expose les dépenses nécessaires pour la construction du navire.

Mais il y a mieux : les pensions des ouvriers des arsenaux (accordées à 50 ans d'âge et 25 ans de service) sont supportées par le ministère des Finances et ne sont nullement imputées au prix de revient du navire. C'est comme si un industriel rejetait hors de son budget de dépenses et de son prix de revient le débours que lui impose la loi des retraites ouvrières !

Dans ces conditions, toute enquête devenait inutile. J'y ai renoncé.

____

Maintenant, concluons.

Ou plutôt laissons conclure industriels et commerçants. Car cette enquête est strictement objective. Je ne l'ai point entreprise pour étayer une critique des lois « sociales », car telle de ces lois peut être excellente, sinon par son texte, du moins par son esprit. Mais j'ai voulu savoir, autant que possible, ce que ces lois « sociales », dans leur ensemble, coûtaient à l'industrie et au commerce, et aussi quelle influence elles exerçaient, par leurs effets directs, sur l'élévation inquiétante du prix de la vie. A l'heure présente, en effet, cette élévation est tellement exorbitante qu'il paraît urgent d'en déterminer toutes les causes. La connaissance précise de ces causes est la condition nécessaire, sinon suffisante, pour trouver des moyens d'enrayer la progression.

Il ne faudrait pas croire que, lésés par les lois nouvelles, industriels et commerçants y sont nettement hostiles. Au contraire, ils en trouvent l'esprit excellent.

— Mais, disent-ils, on ne nous laisse pas le temps de respirer. Une loi sociale est à peine votée qu'une autre est mise sur le chantier parlementaire. Coup sur coup, en une douzaine d'années, on nous a asséné sur la tête la loi sur les accidents du travail, la loi Millerand-Colliard, la loi sur le repos hebdomadaire, la loi sur les retraites ouvrières, pour ne parler que des principales. C'est trop. On nous fait absorber des lois ; mais on ne nous donne aucun répit pour les digérer.

Si encore elles étaient bien préparées ! Des mesures qui touchent à l'organisation du travail national devraient être préalablement étudiées jusque dans la plus minime de leurs répercussions possibles. Rien ne devrait être laissé au hasard. Avant de modifier un système de fabrication ou un prix de vente, un industriel établit son prix de revient. Or, qui fait en temps utile le prix de revient des lois ?

Pour opérer des remaniements si profonds dans l'organisation de l'activité nationale, il faudrait procéder par touches successives. Voyez les Allemands, gens pratiques : ils ont mis dix ans pour transformer le régime fiscal que nous avions laissé en Alsace-Lorraine ; ils ont légalisé le repos hebdomadaire en quatre étapes. Ainsi une loi, d'abord très large, très élastique, devient ensuite plus étroite et plus rigide, sans heurts, sans mécomptes et sans mécontents, parce qu'elle épouse peu à peu les formes de l'organisme auquel elle est destinée. Ce ne sont pas les contribuables qui doivent se plier à une loi « sociale » : c'est la loi qui doit s'adapter petit à petit aux contribuables.

Chargé de me faire un habit, un tailleur prend les mesures exactes de mes membres ; puis il trace une ébauche, essaye, retouche, essaye et retouche une seconde fois ; et il ne livre son œuvre que quand elle est parfaite. Or, même quand son œuvre est parfaite, l'habit neuf me gêne ; il ne se prête point tout de suite à mes habitudes, à mes mouvements. Eh bien, le Parlement ne prend pas de mesures, il n'essaye pas ; et il nous donne trop souvent des habits neufs. A mauvaise méthode, mauvais travail ; à mauvais travail, mauvaise marchandise.

— La loi va faire crier, disait un jour un député. Mais, petit à petit, les choses se tasseront.

Et les industriels et les commerçants répondent :

— Si vous aviez procédé avec plus de mesure, plus de tact, moins de précipitation, les choses se seraient « tassées » plus vite. Et il y aurait eu les cris en moins.

Voilà pour la méthode. Restent les résultats.

Pour le commerce et l'industrie, ils sont aussi inquiétants.

Au début, le marchand et le fabricant ne se sont pas trop émus. La mode était aux « réformes sociales » : il fallait « faire quelque chose ». Tout le monde en convenait ; beaucoup de parlementaires, d'ailleurs, avaient fait dans cet ordre d'idées des promesses si fermes et si démesurées qu'il n'était point besoin de les pousser dans cette voie. D'ailleurs, on l'a bien vu !

Les lois « sociales » se multiplièrent donc. Mais elles se multiplièrent tant et si vite, qu'on ne prit plus le temps de les préparer comme il aurait fallu. En outre, il y eut la surenchère : les gens qui, tout de go, demandaient l'absolu.

Un beau jour, les charges nouvelles devinrent si lourdes que fabricants et marchands se mirent à les chiffrer. Ainsi ils s'aperçurent que leurs frais généraux s'étaient notablement accrus. Et l'on commença à s'inquiéter.

Dans tel groupement où l'on n'avait parlé jusqu'alors que de politique et de décorations, on parla de prix de revient, de danger commun, d'atteintes portées à la liberté commerciale et industrielle. Et d'aucuns crièrent : « Garde à vous ! » Il faut dire que commerce et industrie n'étaient pas menacés que par la démagogie parlementaire : la hausse continue des salaires, l'élévation du prix des matières premières, un régime protectionniste soutenu majoraient encore leurs frais généraux. Or, tout cela s'ajoutait, et d'aucuns constatèrent que l'écart entre leur prix de revient et leur prix de vente ne pouvait plus être diminué.

On s'est étonné, l'autre jour, quand les coiffeurs ont décidé à l'unanimité d'élever leurs prix. Ne vous y trompez pas : c'est un commencement. Jusque dans les plus petits métiers, vous allez voir maintenant le commerçant ou l'industriel se rattraper sur la clientèle des charges qu'on lui imposera, élever son prix de vente chaque fois qu'une cause quelconque élèvera son prix de revient. Et il chiffrera la compensation de manière à faire payer au client français l'état d'infériorité dans lequel on l'aura mis vis-à-vis de la concurrence étrangère. Et le jour où il ne pourra plus lutter contre cette dernière, il fermera boutique.

Certes, nous n'en sommes pas encore là. Mais nous en sommes moins loin qu'il y a douze ans. M. Edmond Théry, dressant l'autre jour le bilan de la fortune de la France, évaluait de 18 à 28 milliards la valeur vénale du capital commercial et industriel et à 3 milliards 709 millions le chiffre de leurs bénéfices.

Eh bien, on peut, sans exagération, évaluer de 5 à 10 pour 100 la part enlevée à ces bénéfices par les lois « sociales ».

N'y a-t-il pas lieu de s'arrêter quelque temps pour réfléchir ?

Voilà, du moins, ce qu'on dit dans le monde industriel et commercial.

Août 1911.

Le Prix de la viande
et les intermédiaires

LE PRIX DE LA VIANDE
ET LES INTERMÉDIAIRES

I

L'ÉLEVEUR

Du producteur au consommateur. — Une visite au producteur.
— L'élevage dans le Nivernais. — Comment on prépare le
bétail pour la boucherie. — Les gains et les aléas d'un
« emboucheur ». — La filière des intermédiaires. — Le
voyage d'un bœuf de 700 kilos. — De l'étable natale à « l'embouche » et à Paris.

Au nombre des causes du renchérissement de la
vie alimentaire, on a mis la multiplicité des trafiquants qui s'interposent entre le producteur et le
consommateur ; et l'autre jour, le préfet de police
dénonçait publiquement le « luxe des intermédiaires »
qui pèse lourdement sur les cours de la viande, co-
mestible de première nécessité.

Qui sont au juste ces intermédiaires ? De combien
chacun d'eux grève-t-il le produit qui passe entre

ses mains ? La question est intéressante, surtout au moment où le cours de la viande, après avoir marqué un fléchissement, se relève, au grand effroi des ménagères, qui se demandent comment elles boucleront leur budget cet hiver.

Pour l'étudier d'aussi près que possible, j'ai voulu suivre le produit de son pays d'origine à son point d'arrivée ; j'ai voulu accompagner un bœuf de l'étable où il naquit jusqu'à l'étal du boucher parisien où s'alignent les beefsteaks savoureux et les côtes appétissantes. Mais ne pouvant faire porter mon enquête dans toutes les contrées d'élevage, j'ai dû me contenter d'une seule. J'ai choisi le centre de la France, et me voilà depuis une huitaine de jours en plein Nivernais, flânant de ferme en ferme et de foire en foire, me mêlant aux ruraux, m'efforçant de pénétrer les secrets de leurs affaires, attentif aux détails, à ces mille petits détails dont Jules Renard faisait ensuite la synthèse du paysan et de la vie aux champs nivernais.

Le cadre dans lequel je promène ma curiosité est simple : c'est la gracieuse vallée de l'Aron, qui s'ouvre sur la Loire, à Decize. Vers l'est, la campagne s'étend en ondulations molles et légères jusqu'aux premières collines du Morvan, sur lesquelles le vent pourchasse des bataillons de nuages blancs. L'automne n'a pas encore jauni les feuilles ; tout est vert : les prés qui encadrent les rivières, les haies qui dessinent sur les croupes des polygones multiformes, et les bois touffus où le gibier pullule.

Dès l'abord, j'ai éprouvé une déconvenue. Sur la foi d'un annuaire administratif, j'avais décidé de consacrer ma première journée de voyage à la foire de X..., un bourg coquettement étagé en gradins au bord de la rivière.

— Les foires de cette localité sont importantes au point de vue de la vente du gros bétail, m'avait affirmé un fonctionnaire du chef-lieu.

Je débarquai donc dimanche soir dans une auberge assez cossue de X... Le bourg était en liesse ; les estaminets et les cafés regorgeaient de consomma-teurs. Autour des tables surchargées de victuailles, hommes et femmes en rangs serrés jouaient des mâchoires avec une activité dévorante, et buvaient de copieuses rasades de vin rouge. Bousculé par les servantes, j'eus quelque peine à conquérir une modeste place dans la salle du festin, et je dus entamer une lutte acharnée contre une paysanne dépourvue de grâce pour sauver du pillage un plat où des morceaux de veau nageaient dans une sauce grise.

A dix heures, un bal s'organisa. Un musicien prit place sur un tabouret, campé lui-même sur une table : c'était un homme d'âge mûr, affligé d'un eczéma qui couvrait une notable part de la superficie de son visage, mais décoré de la médaille coloniale. Il manœuvrait un accordéon dont les boutons harmoniques, frottés de tripoli, luisaient sur le rectangle sombre des soufflets. Devant lui, des couples marte-laient le parquet de leurs souliers à clous. Dans les coins mal éclairés, des vieux continuaient de boire des bouteilles de vin en devisant sur la pluie, la sécheresse et la mortalité du bétail.

La fête se prolongea fort avant dans la nuit.

A quatre heures du matin, la musique cessa, et l'on se remit à manger. Enfin, l'aubergiste ayant déclaré qu'il ne restait plus dans la maison un œuf ni une once de fromage, les clients quittèrent la place et regagnèrent leurs demeures, en répétant sur tous les tons que « tout s'était fort bien passé ». Et je m'endormis en songeant qu'à X..., on avait une étrange façon de préluder à un marché où devaient se traiter de si importantes affaires.

Or, lundi matin, quand je sortis de l'auberge où j'avais passé la nuit, quelle ne fut pas ma surprise en constatant que le bourg dormait encore ! Pas un paysan dans les rues ; pas une boutique ouverte. Je courus au champ de foire : il était désert. Toutefois je vis arriver deux gendarmes : ils transportaient un ivrogne plongé dans un profond sommeil au violon municipal, un petit édicule bâti près de l'abreuvoir du marché. Le colis déposé, comme ils regagnaient leur caserne, j'interpellai le brigadier :

— A quelle heure commence la foire ?

Le brigadier et le gendarme se regardèrent. Ils semblaient ahuris. Je réitérai ma demande, et j'appris alors que la foire du 23 octobre était une « foire de plume », c'est-à-dire qu'on ne vendait ce jour-là que de la plume d'oie apportée de la campagne par les fermières.

— Et encore, ajouta le gendarme, il y a longtemps

que cette coutume a disparu. La foire du 23 octobre n'est plus qu'une ripaille dont les aubergistes tirent bon profit, et à la suite de laquelle tout X... a mal aux cheveux pendant deux jours.

Je quittai donc X... pour chercher des foires plus sérieuses sans le secours des annuaires administratifs et des fonctionnaires.

Dans le Nivernais, l'élevage du gros bétail est commencé par les fermiers ou les propriétaires exploitant eux-mêmes leurs terres, et complété par les « emboucheurs ». L'animal passe sa jeunesse chez le producteur : deux ans, deux ans et demi et même plus. Là il se développe, prend de la taille et de la force ; mais il ne s'engraisse pas.

L'engraissement, c'est l'affaire de l' « emboucheur ».

Celui-ci achète le bœuf maigre chez le producteur, soit en foire, soit à domicile, et l'emmène chez lui. Ces acquisitions commencent vers la fin de janvier et sont terminées au printemps. Si l'animal a été acheté avant la fin de l'hiver, l' « emboucheur » l'hospitalise et le nourrit à l'étable jusqu'aux premiers beaux jours. Aux mois d'avril, dès que le temps le permet, il le met au vert dans des prés loués à des propriétaires terriens à des prix qui varient entre 80 et 170 francs l'hectare. C'est en mangeant cette herbe que le bœuf s'engraisse petit à petit ; en quatre, cinq ou six mois, il devient bon pour la boucherie, et l'on estime qu'un hectare de pré loué 160 francs suffit pour alimenter deux animaux.

L' « emboucheur », d'ailleurs, est généralement éleveur lui aussi : c'est-à-dire qu'en outre des bêtes qu'il achète pour les parquer dans ses étables et dans les prés loués à cet effet, il prépare pour la boucherie un troupeau né sur sa terre.

Dans certaines régions du département de la Nièvre et dans le Bourbonnais, l' « embouche » ne se fait pas dans les prés, mais à l'étable, où l'on engraisse méthodiquement le bétail avec de bon foin sec, des grains cuits, seigle et orge, des pommes de terre cuites, des tourteaux. Et l'on voit tout de suite que ce second système comporte moins d'aléas que le premier ; en effet, tandis que l' « emboucheur » au pré table par avance — au moment de l'hiver où il achète les bœufs chez le producteur — sur une récolte en herbe problématique, puisqu'elle peut être compromise par le déluge ou la sécheresse, l' « emboucheur » à l'étable procède à coup sûr, puisqu'il n'achète de bétail qu'en proportion de ses provisions de nourriture.

Dès lors il est facile de se rendre compte que depuis deux ans, si les producteurs ont réalisé des bénéfices, les « emboucheurs » nivernais ont essuyé des pertes sérieuses. En effet, au printemps de 1910, ayant acheté leur contingent habituel, ces derniers virent la pluie et les inondations dévaster les prés et ruiner la récolte en fourrages. Ils ne purent donc engraisser les animaux, et les vendirent pour la

boucherie avec perte. A la fin de l'hiver 1911, espé-
rant qu'une bonne récolte en fourrages succéderait
à la récolte déficitaire ou nulle de 1910 et leur permettrait de se rattraper, ils achetèrent en masse et
cher des troupeaux chez le producteur ; mais la
sécheresse a ruiné leurs espérances ; on n'a pas pu
davantage engraisser les bêtes au cours de ce printemps qu'au cours du printemps dernier. Et je sais
des « emboucheurs » qui ont perdu ainsi des dizaines
de milliers de francs.

Les producteurs, eux, ont vendu leurs bœufs à
des prix élevés : cette année, les « emboucheurs »
les leur ont payés 1 franc, 1 fr. 05 et même 1 fr. 10
le kilo, tandis qu'à l'ordinaire le cours oscille entre
0 fr. 90 et 0 fr. 95. Toutefois il serait injuste de
méconnaître que les accidents climatériques de
1910 et de 1911 leur ont causé, à eux aussi, de
sérieux dommages. La « cachexie aqueuse », déterminée par l'humidité persistante de 1910, a provoqué de nombreux avortements épizootiques chez
les vaches ; en outre, faute de mesures préventives,
des troupeaux bovins et ovins ont séjourné dans des
prés transformés par les inondations en véritables
marécages ; si bien que la Nièvre a perdu
100.000 têtes sur les 137.000 moutons accusés par
la statistique agricole de 1909 et 3.500 bœufs. Au
mois de mars et au mois d'avril les bœufs tombaient
comme des mouches, et un marchand de cuirs de
Nevers m'a affirmé qu'à la fin de juin, l'hécatombe
n'avait pas fait moins de 4.000 victimes parmi les

bovidés. Cela représente pour l'élevage nivernais une perte de 5 millions de francs, encore que des bestiaux cachectiques aient pu être vendus à bas prix, malgré leur tare, à des acheteurs lyonnais, et livrés à la consommation italienne suivant les uns, à la consommation française suivant les autres. On m'a même montré des trafiquants sans scrupules — on les appelle ici des « marchands sans rebut » — qui battent la campagne, de ferme en ferme, en quête de bonnes bêtes, mais aussi de bêtes malades, qu'ils payent 40 ou 50 francs, et avec lesquelles des compères sans vergogne confectionnent de déplorables saucissons.

Les méthodes d'élevage et d' « embouche » étant connues, voyons maintenant comment s'opèrent les transactions.

Qui achète les bœufs chez le producteur pour les expédier à Paris ?

Il y a d'abord et surtout les « emboucheurs », qui prennent les animaux en foire ou à domicile, les emmènent chez eux pour les engraisser et les vendre ensuite au marché de la Villette.

Il y a aussi des « toucheurs » qui groupent des bœufs engraissés par des agriculteurs et en font des lots qu'ils emmènent à Paris par le chemin de fer. Dans ce cas, le toucheur rapporte le montant de la vente revenant à chacun des producteurs qui lui ont confié un, deux ou trois bœufs ; l'argent est renfermé dans de petits sacs de toile blanche cachetés à la cire et portant l'étiquette du destinataire.

Il y a enfin des bouchers en gros de Paris ou de province, qui exceptionnellement achètent directement chez les producteurs.

Je ne parle que pour mémoire de certains trafiquants qui, avertis par des indicateurs locaux moyennant une rétribution en argent, visitent le producteur qui a un animal, bon ou taré, à vendre, traitent avec lui et revendent ensuite à un tiers la bête, qui passe ainsi par deux ou trois intermédiaires.

Mais il importe de retenir que le système le plus général est celui de l' « emboucheur » comme intermédiaire entre le producteur et le marché de la Villette.

J'ai dit que les marchés entre le producteur et l' « emboucheur » se débattaient sur le champ de foire ou à la ferme. L'un et l'autre sont renseignés sur les cours du bétail à Paris et dans les dernières foires. Ils discutent donc en connaissance de cause. Le prix s'établit quelquefois sur le poids à la bascule, le plus souvent à la vue de l'animal, acheteur et vendeur ayant l'habitude d'évaluer d'un coup d'œil le poids de la bête.

Prenons un exemple. Voici un bœuf pesant 700 kilos. Au cours de 1 franc le kilo, il est payé au producteur 700 francs par l' « emboucheur », qui l'emmène chez lui. Si l'acquisition a été faite à la fin de janvier, l'animal restera deux mois à l'étable, après quoi on le mettra au pré pour qu'il s'engraisse. A partir du mois de juin, l' « emboucheur » examine son troupeau. Il surveille les bœufs qui sont gras à point pour la boucherie, et dès qu'il en a un nombre suffisant pour faire une expédition et qu'il juge le moment favorable pour la vente, il les envoie par le chemin de fer au marché de la Villette.

Mais au marché de la Villette, ce n'est pas lui qui procédera à la vente : c'est un commissionnaire. Et voilà un nouvel intermédiaire, qui prélève sur le prix de vente une certaine part représentant ses frais et ses bons offices.

Quand je vous conduirai au marché de la Villette, je vous détaillerai ce prélèvement du commissionnaire. Pour le moment, je me borne à en indiquer le total : environ 23 francs, *quel que soit le poids de l'animal.*

Le gain de l' « emboucheur » est très variable : il dépend du cours du marché de la Villette et du nombre de kilos que l'animal a gagnés en poids pendant la période d'engraissement. En tout cas, si nous reprenons notre bœuf de 700 kilos (poids d'origine), voici comment l' « emboucheur » établit le décompte de ses frais et débours au terme de la période d'engraissement, le jour de la vente au marché de la Villette :

Achat du bœuf	700	»
Conduite du bœuf chez l' « emboucheur »	2	»
Entretien à l'étable.	20	»
Location du pré	80	»
Personnel domestique (un gardien pour 100 bêtes, à 1.000 francs par an). . .	10	»
Intérêt de 700 francs pendant six mois (3 fr. 50 pour 100 à la Banque de France)	12 25	
Conduite à Paris et commission de vente	23	»
Nourriture du gardien qui accompagne le bœuf (un homme pour dix bœufs) .	1	»
Empaillage du wagon.	0 75	
Total	849	»

Donc le bœuf a coûté 849 francs (1). Supposons maintenant que le cours au marché de la Villette soit, le jour de la vente, de 1 franc le kilo. Si le bœuf a gagné en poids 149 kilos, l' « emboucheur » n'a ni perte ni bénéfice. Si le bœuf a gagné plus de 149 kilos, l' « emboucheur » a réalisé un bénéfice de 1 franc par kilo au-dessus de ce chiffre.

On admet qu'un bœuf bien constitué et engraissé dans un bon pré peut gagner de 150 à 200 kilos en moyenne.

Dans l'Allier, où l'engraissement se fait à l'étable, le plus clair bénéfice de l' « embouche », c'est le

(1) J'ai chiffré les opérations d'un « emboucheur » pendant la période de la hausse du prix de la viande (1910-1911). Dans les années normales, ces opérations sont autrement fructueuses, le cours du bétail à la Villette surpassent de 0 fr. 05 et même de 0 fr. 10 celui du bétail acheté chez le producteur.

fumier produit par les animaux et qui permet d'obtenir un meilleur rendement des terres semées en blé. Dans la Nièvre, l' « emboucheur » réalise un bénéfice en nourrissant des poulains dans les prés après le départ des bœufs : celui qui a engraissé 100 bœufs peut « emboucher » 10 poulains qui, achetés 650 francs pièce à la Saint-Martin, peuvent être revendus 950 francs un an plus tard. Il est vrai que, pendant l'hiver, il a fallu donner à chaque animal une centaine de francs de foin et d'avoine, et qu'à l' « embouche », il arrive que des poulains se tarent ; mais il ne faut pas oublier, par contre, que certains poulains deviennent parfois des étalons d'une grande valeur.

Quoi qu'il en soit, notre bœuf payé 700 francs au producteur, passant par l'intermédiaire de l' « emboucheur » et du commissionnaire, a augmenté de 150 kilos en poids, mais vaut maintenant 850 francs, soit 150 francs de plus.

Tout à l'heure, on l'a embarqué avec neuf de ses congénères dans un wagon tapissé de paille, à la gare de Decize. Le commissionnaire chargé par l' « emboucheur » de procéder à la vente sur le marché de la Villette a été prévenu par lettre ou par télégramme de l'expédition. Ainsi avisé, il a pu retenir sur le marché les places nécessaires et prendre ses dispositions pour que, dès leur arrivée à Paris, les animaux soient débarqués, alimentés, soignés et conduits à la Villette.

Le plus souvent l' « emboucheur » ou un homme à son service accompagne les bœufs : son voyage en 3ᵉ classe, aller et retour, est gratuit.

Nous montons donc ce soir dans le train auquel est accroché le wagon où notre bœuf est enfermé avec neuf de ses frères. Demain matin, avant l'aube, nous arriverons à Bercy, et nous surveillerons le débarquement du convoi et son acheminement vers le marché de la Villette, où la vente aura lieu dans le courant de la journée. L' « emboucheur » est familiarisé avec ce voyage : à peine installé dans notre compartiment, il s'est roulé dans son ample manteau gris et s'est allongé sur la banquette. Le train ne doit partir que dans trente-cinq minutes; et déjà notre homme ronfle comme un sonneur de cloches.

II

A LA VILLETTE

L'arrivée au marché de la Villette. — Prem ier intermédiaire :
le commissionnaire. — Autour d'une note de frais. — Apparition du chevillard. — Marché conclu! — De l'étable à
l'échaudoir. — Nouvel intermédiaire, nouveaux frais. —
L'entrée chez le boucher détaillant. — Nuit complète. —
Où les comptes s'embrouillent.

Ma première lettre s'arrêtait au moment où, l'autre soir, nos dix bœufs nivernais ayant été embarqués dans un fourgon, nous montions — l' « embou-cheur » propriétaire du troupeau et moi — dans le même train à destination de Paris.

Et donc, le lendemain, bien avant l'aube, nous sommes arrivés sans encombre à la gare de Bercy. On a mis les bestiaux à terre, et un conducteur, mandaté par le commissionnaire vendeur, les a emmenés en camion, par les rues noires et désertes,

au marché de la Villette. Le jour même, un chevillard (boucher en gros) les a achetés, et le commissionnaire, intermédiaire entre le chevillard et l' « emboucheur », a remis à ce dernier le montant de la
vente, après avoir retenu sa commission et ses
débours détaillés comme il suit :

Wagon contenant 10 bœufs à M. X...

Chemin de fer (transport)	115	90
Débarquement, conduite et soins. . . .	8	»
Entrée et séjour à la Villette	33	25
Nourriture et litière	10	»
Frais divers et assurance contre la tuberculose	30	»
Assurance contre les accidents	1	»
Commission et cordage.	32	»
Timbre	0	20
	230	25
Montant de la vente.	7.190	»

Par conséquent, la vente de chaque bœuf ayant
produit en moyenne 719 francs, le premier intermédiaire — le commissionnaire — a prélevé sur cette
somme 23 fr. 035, tant pour ses frais que pour ses
bons offices.

23 fr. 035. Est-ce peu ? Est-ce beaucoup ?

Si l'on n'envisage que la commission officielle du
vendeur — 3 francs par tête d'animal — discrète-
ment énoncée sous la rubrique « commission et cor-
dage », le prix de cet intermédiaire paraît assez
modique. Mais les éleveurs, producteurs ou « em-

boucheurs », se plaignent de l'exagération des frais qui l'accompagnent :

— Examinez le compte de ces intermédiaires, me disait l'un d'eux, à Nevers. Vous verrez, par exemple, que la nourriture et la litière de dix bœufs y figurent pour 10 francs. Or, en réalité, pour les quelques heures qui s'écoulent entre l'arrivée des animaux à Paris et leur vente au chevillard, c'est à peine si l'on donne à tout le lot, comme pitance, deux ou trois bottes de foin ; et quant à la litière, je n'en parle pas : c'est dérisoire.

A quoi les commissionnaires répondent :

— Nous avons traité à forfait avec des entrepreneurs spéciaux pour la nourriture et la conduite des bœufs depuis leur débarquement à Paris. Nous, nous ne gagnons que 3 francs par tête.

Il ne m'appartient pas de rechercher qui encaisse le plus clair des bénéfices. Me plaçant au seul point de vue du consommateur, je constate un fait : le prix d'un bœuf nivernais est majoré de 23 fr. 035 depuis son départ de la gare d'origine jusqu'à la vente au marché de la Villette. Et cela est essentiel. Incidemment, je dois signaler la néfaste industrie de certains parasites qui opèrent aux abords et sur le marché de la Villette et qu'on appelle les « regrattiers ». Le journal *la Boucherie en gros de Paris* dénonce en ces termes leur trafic :

« Les regrattiers sont les intermédiaires interlopes qui, notamment lorsqu'ils prévoient que le marché sera peu abondamment fourni, pénètrent dans les étables de renvoi alors que nul n'a le droit de faire la moindre acquisition, achètent sous l'œil endormi des agents de l'administration les bestiaux avant l'ouverture officielle de la vente et deviennent ainsi détenteurs de bon nombre d'animaux qu'ils exposent ensuite sur le marché pour les revendre à des prix fortement majorés.

« Souvent ces intermédiaires opèrent sur le marché même en achetant aux producteurs des animaux qu'ils revendent ensuite aux commerçants, si bien qu'il arrive fréquemment que certains animaux sont vendus et revendus deux et trois fois dans le même. marché.

« Comprend-on alors quel prix le dernier acheteur, celui qui ne spécule pas, mais qui en a réellement besoin pour son commerce, doit payer ces animaux pour les obtenir de leurs nouveaux détenteurs ?

« Ce qui constitue la principale force du regrattier et facilite ses manœuvres auprès des expéditeurs de bestiaux, c'est qu'il peut pénétrer partout indûment : sur le quai d'arrivée des bestiaux, dans les étables de renvoi, dans les préaux du marché, sans rencontrer aucune opposition ni aucun obstacle.

« Nul ne peut le troubler dans ses opérations. Il est tout-puissant... »

Ce n'est pas tout d'ailleurs. Au surplus, avant que le bœuf nous parvienne sous forme de beefteacks ou d'entre-côtes, les 23 francs retenus par le commissionnaire auront fait des petits.

Par la vente au marché de la Villette, le bœuf passe des mains du commissionnaire aux mains du boucher en gros ou chevillard. Et voilà un nouvel intermédiaire dont il importe de scruter les comptes.

En principe, le marché de la Villette, exploité par la « régie intéressée », société financière dont la concession expirera dans quelques années, est entièrement libre, ouvert à quiconque veut y vendre, et même, si bon lui semble, y vendre du bétail sans le secours d'intermédiaire. Mais en fait, la plus grande partie des animaux présentés sont vendus par l'entremise des commissionnaires réguliers, que les éleveurs, à tort ou à raison, considèrent comme les plus aptes, grâce à leur expérience, à tirer le meilleur parti du bétail destiné à la boucherie.

Les acheteurs sont légion : chevillards parisiens, pourvoyeurs de la province, pourvoyeurs de l'étranger. Il s'ensuit qu'au moins en apparence, la diversité et la multiplicité des intérêts en présence sur le marché y assurent le plein jeu de la loi de l'offre et de la demande. D'aucuns, il est vrai, prétendent que, dans la pratique, il en est tout autrement ; ceux-là disent que les commissionnaires vendeurs, personnellement irresponsables, sont souvent tentés de perdre de vue les intérêts de leurs commettants producteurs, que chevillards et commissionnaires font à loisir la loi sur le marché, qu'ils n'hésitent pas, dans certains cas, à organiser la grève, pour acheter ultérieurement et à bas prix du bétail non vendu à

son arrivée et immobilisé définitivement à la Villette
dans les étables de renvoi... Que sais-je !

Mais ces questions n'entrent pas dans le cadre de
cette étude. Elles devraient être examinées de près
s'il fallait discuter la réorganisation de notre grand
marché parisien et des abattoirs, ses voisins. Ici, je
le répète, il s'agit simplement de chiffrer les majorations successives du prix de la viande tout au long
de la filière des intermédiaires.

Eh bien, suivons le chevillard qui a acheté un de
nos bœufs nivernais. L'animal pesait — en poids vif
— 850 kilos : c'était une belle bête, bien nourrie,
bien portante, bien en chair. Sur le marché, elle avait
« tiré l'œil » du boucher en gros, qui l'avait regar-
dée de près sur toutes les coutures, l'avait palpée,
avait reculé de quelques pas pour mieux juger l'ensemble. Se recueillant pendant quelques minutes, il
avait évalué *a parte* le rendement probable de cette
masse en viande nette (1), calculé mentalement le
gain qu'il en pourrait retirer en la revendant au boucher détaillant. Puis il avait lancé un prix comme
base de discussion. Le commissionnaire qui, lui
aussi, avait toisé et retoisé la bête, en avait proposé un plus élevé. Discussion. Finalement on s'était
mis d'accord ; et le bœuf d'un poids vif de 850 kilos

_____

(1) Le rendement d'un animal en viande nette varie avec son
âge, sa conformation, la méthode d'engraissement, etc. Toutefois
un commissionnaire ou un chevillard l'évaluent exactement à vue
d'œil. On admet qu'un bœuf de première qualité donne en viande
nette 60 pour 100 de son poids vif en arrivant à Paris. (L'animal
perd 2 ou 3 pour 100 de son poids vif dans le transport de son pays
d'origine à Paris.)

avait été vendu 865 francs, soit 1 fr. 02 le kilo.

Ce poids vif devant laisser 60 pour 100, ou 510 kilos de viande nette, le chevillard avait donc acheté l'animal au prix de 865 : 510 = 1 fr. 70 le kilo de viande propre à la consommation.

Que s'est-il passé ensuite ?

Le chevillard a fait conduire la bête dans son étable, et de là dans son échaudoir, où on l'a abattue. Il vend les 510 kilos de viande en bloc à un boucher détaillant, et garde pour lui ce qu'on appelle en argot professionnel le « cinquième quartier », c'est-à-dire : le cuir avec les cornes, le suif, le sang, la cervelle, les boyaux, la panse, les pieds, les déchets et les abats proprement dits (poumons, cœur, foie).

Il y a naturellement un cours aux abattoirs pour la viande vendue par les bouchers en gros aux bouchers en détail, comme il y a au marché de la Villette un cours pour les animaux vendus par les commissaires ou producteurs aux bouchers en gros. Chose curieuse : le premier cours est toujours inférieur de quelques centimes au second.

Alors, dira-t-on, le chevillard opère toujours à perte ? Non. Comme on le verra plus loin, il réalise un bénéfice en écoulant le « cinquième quartier », bénéfice qui compense la perte éprouvée sur la vente de la viande.

Supposons que le cours aux abattoirs soit de 1 fr. 60 le kilo. (Je prends ce chiffre parce que, certains jours d'octobre dernier, les bœufs de 1re qualité cotaient au marché de la Villette 1 fr. 70 en moyenne, tandis que la viande de cette même qualité cotait aux abattoirs 1 fr. 60.)

Le chevillard établit ainsi son décompte :

Débours.

Prix du bœuf	865	»
Taxe d'abatage (0,02 $\times$ 510).	10	20
Octroi (0,09735 $\times$ 510).	49	65
Taxe de tripée.	0	40
Conduite du marché à l'étable	0	25
Frais généraux	14	35
	939	85

Recette.

Vente du bœuf au détaillant :		
610 $\times$ 1 60	816	»
Vente du 5ᵉ quartier :		
55 k. de cuir à 1 36.	74	»
60 k. de suif à 0 92.	46	»
Abat ou issues	20	»
	956	»
Recette.	956	»
Débours	939	85
Bénéfice net. . . .	16	15

Donc, sur la vente d'un bœuf de 1ʳᵉ qualité et d'un poids de 510 kilos en viande nette, le chevillard réalise un bénéfice de 16 fr. 15.

———

Ce chiffre peut sembler minime. Il correspond pourtant à de jolis gains. Si l'on admet en effet qu'un chevillard de moyenne importance abat 40 bœufs par semaine, un bénéfice moyen de

16 francs par tête représente pour ce négociant un gain annuel de 33.500 francs, pour un capital engagé d'une quarantaine de mille francs. (Les achats de viande se payent généralement dans les huit jours).

Il convient toutefois d'observer que ce gain de 33.500 francs est un « gain commercial ». Il est sujet à divers risques, comme les erreurs commises sur le rendement présumé des animaux en viande nette et les pertes éprouvées du chef des bouchers détaillants devenus insolvables.

D'aucuns, par contre, discuteront ces chiffres ; ceux-là prétendent que les chevillards réalisent des bénéfices plus importants. M. Louis Bruneau écrit, par exemple, dans la *Grande Revue* :

1° Le rendement réel peut être supérieur au rendement approximatif qui a servi à baser le prix d'achat (un bon chevillard laissera toujours une marge de compensation) ; 2° les « bœuftiers » achètent sur le marché de la Villette, comme gros bétail, beaucoup plus de bœufs de 2e et 3e qualités, vaches et taureaux, que de bœufs extra et de 1re qualité ; 3° la cheville a enfin la faculté, dont elle use largement, d'acheter directement en province, à des cours inférieurs à ceux de la Villette, puisque le bétail amené directement à l'abattoir ne paye pas les droits de marché (c'est ainsi qu'en 1910, les provenances de l'extérieur à destination de l'abattoir de la Villette ont été les suivantes : gros bétail, 22,7 pour 100 ; veaux, 59,6 pour 100 ; moutons, 40,3 pour 100).

Mais, encore une fois, je ne me préoccupe que de l'augmentation progressive du prix de la viande au fil des intermédiaires.

Nous arrivons enfin au boucher détaillant. Combien ce boucher détaillant revendra-t-il à sa clientèle le bœuf qu'il a acheté au chevillard? C'est tout le problème que je me suis posé.

Je ne crois pas qu'il soit possible de répondre à cette question d'une manière précise. J'ai consulté des bouchers, et notamment des bouchers qualifiés et mandatés pour parler au nom de la corporation. Voici leur réponse :

— Le prix de la viande au détail varie avec la qualité des bêtes, avec le quartier où on la vend ; elle varie de rue à rue, de boucherie à boucherie. Il y a même plus : elle varie, dans une même boucherie, avec les clients. Parfaitement ! Telle ménagère, qui discute âprement, payera son beefteack moins cher que telle domestique, qui défend peu ou pas les intérêts de son maître et reçoit du boucher la prime dite du « sou du franc ».

On dirait que les choses ont été embrouillées à plaisir pour que nul ne puisse voir clair dans ce commerce. De sorte qu'à l'heure actuelle, il semble impossible, au premier abord, de préciser dans quelles mains la viande augmente *follement* de prix.

Pourtant je ne me suis pas laissé rebuter par les difficultés qu'on m'opposait. J'ai voulu savoir quand même. J'avais établi le prix d'un bœuf chez le producteur, chez l'emboucheur, au marché de la Villette et à l'entrée chez le détaillant. Il ne me restait qu'une étape à franchir. J'ai tenté de la franchir, en prenant le plus de précautions possibles.

Dans la *Grande Revue*, M. Louis Bruneau conclut que le boucher détaillant revend 701 francs un bœuf qu'il a payé 442 francs au chevillard ! Si c'était vrai, ce serait vraiment énorme. Mais je crois que M. Bruneau a accepté des chiffres trop élevés. Les miens, en tout cas, sont un peu moindres.

III

CHEZ LE BOUCHER

C'est la dernière étape.

Combien le boucher détaillant revend-il au consommateur le bœuf acheté au chevillard ?

— Pour être renseigné là-dessus, m'a affirmé samedi un commerçant du quartier de la Porte-Saint-
Martin, il faudrait que vous restiez pendant quinze
jours, du matin au soir, dans ma boutique.

Et après avoir joui un instant de ma confusion, il
ajouta en manière de correctif :

— D'ailleurs, il est probable qu'après une station
de deux semaines devant mon étal, vous n'en sauriez
guère plus que maintenant !...

Puisque c'était inutile, je n'ai donc pas tenté l'expé
rience. Du reste, si je m'en rapportais à l'antienne
qu'on m'a répétée dans toutes les boucheries, au
centre et aux quatre coins de Paris, je serais enclin
à penser que les membres de l'honorable corporation
eux-mêmes ne sont pas bien fixés, ou tout au moins
ne sont pas d'accord. Et la preuve, c'est que l'un
d'eux m'ayant dit gagner 70 francs sur un demi-
bœuf de 165 kilos acheté 216 francs, deux de ses
collègues, ayant lu ce chiffre, levèrent les bras au
ciel en criant : « C'est faux et c'est fou ! Il n'y a pas
un boucher parisien qui réalise de pareils bénéfices.
Gardez-vous bien de transcrire les racontars de cet
homme. Toute la corporation vous rirait au nez. »

En somme, on a opposé à ma curiosité inquiète
une solide barrière d'arguments. Et je dois reconnaître que beaucoup de ces arguments méritent
d'être retenus. Il est certain qu'il n'existe pas au
monde deux bœufs, de même poids vif, laissant en
viande nette des rendements identiques ; étant donné
un animal, il n'existe pas dans Paris deux bouchers
qui le dépèceraient exactement de la même manière.
Tel commerçant, installé dans un faubourg popu-
leux, ne vend à sa clientèle que des morceaux de
deuxième catégorie et doit, par conséquent, écouler
les autres aux Halles ou chez un confrère ; tel autre,
au contraire, établi dans un quartier luxueux, ne
vend que des morceaux de choix et doit se débarrasser des seconds avec perte.

Celui-ci, très scrupuleux, sert la pièce et la qualité qu'on lui demande ; tandis que celui-là s'oublie parfois et donne du faux-filet pour du filet. Puis, il y a les aléas : les bêtes de belle apparence, mais dont la viande, mal nourrie, réserve des mécomptes ; les bœufs « chamayeux », riches en os et pauvres en muscles ; il y a les fortes chaleurs, qui font tourner la marchandise, et les clients de mauvaise foi, qui s'éclipsent sans payer leur note... Il y a aussi les impôts, qui augmentent, et les lois sociales, qui se multiplient...

Bref, c'est dans toutes les boucheries le même refrain : « Nous ne gagnons pas d'argent. C'est à peine si nous réussissons à joindre les deux bouts. Et si la viande est chère, ce n'est pas parce que nous réalisons de gros bénéfices. »

En vain j'ai essayé de dissiper l'équivoque en disant aux bouchers :

— Je ne vous demande pas le chiffre de vos bénéfices ; je ne vous demande pas de m'ouvrir vos livres. Je ne me présente pas en inquisiteur, mais en reporter. Ce que je vous demande, c'est le prix de vente d'un animal dépecé sur votre étal. Choisissez un bœuf, à votre gré ; découpez-le, et dites-moi le produit de la vente, morceaux par morceaux. »

On m'a toujours répondu : « C'est impossible... C'est trop variable... » Et j'ai dû renoncer à obtenir plus et mieux.

Alors j'ai changé de méthode, parce qu'il est inadmissible que le consommateur ignore le prix de ce qu'il achète et les raisons de la hausse continue de

ce prix. Des expériences ont été faites : en présence
de contrôleurs officiels, des professionnels ont dépecé
des bœufs de différents poids, comme dans une boucherie de détail. En outre, des agents spéciaux ont
relevé les prix courants de chaque morceau dans
toutes les boucheries parisiennes. J'ai pu connaître
les résultats ainsi obtenus, et ce sont ces résultats
que je veux livrer aux lecteurs du *Temps*.

Pour comprendre le sens et l'intérêt des expériences auxquelles je viens de faire allusion, il importe de savoir qu'un bœuf abattu se décompose en
18 morceaux principaux : les morceaux « de 1re catégorie » ou de choix (2 cuisses, 1 aloyau, 2 trains de
côtés, 2 hampes, 2 onglets), et les morceaux « de
2e catégorie » (2 pis avec la surlonge, les plates-
côtes, la bavette, le collier, les joues, le paleron, les
rognons et la langue). Certains de ces morceaux se
partagent eux-mêmes en plusieurs pièces : c'est ainsi
que chaque cuisse donne une jambe, une culotte, une
hanche grasse, un tendre de tranche et une se-
melle, etc.

Retenez bien cette leçon anatomique : elle a son
importance. Les femmes qui surveillent de près leur
train de maison me comprendront...

Or, deux bœufs de même poids vif ne rendent
pas nécessairement, au dépeçage, des morceaux identiques ; l'aloyau de l'un peut être plus considérable
que l'aloyau de l'autre, par exemple. Dès lors, qu'a-

t-on fait? On a abattu dix, vingt, trente bœufs ; on a comparé les poids de leurs aloyaux, de leurs cuisses, de leurs trains de côtes, et on a pris les moyennes. On a ainsi établi le poids moyen de chaque morceau dépecé pour un bœuf de 300, de 350, de 400 kilogrammes de viande nette. C'est le rendement au dépeçage.

Pour les besoins de mon enquête, j'ai retenu un exemple : il s'agit d'un bœuf qui a donné un rendement de 505 kilos en viande nette et qui a été vendu 505×1 fr. $60 = 808$ francs par le chevillard au détaillant.

La bête a été dépecée en gros morceaux, et chaque morceau en pièces. Les deux cuisses, par exemple, qui pesaient ensemble 119 kil. 200, ont été détaillées de la façon suivante :

2 jambes et 1 queue.	22 k.	
2 culottes.	4	600
2 hanches grasses.	26	600
2 tendres de tranche	36	600
2 semelles (gîte à la noix, gîte-gîte).	29	400
Total.	119 k.	200

Le paleron a été distribué ainsi qu'il suit :

Derrière de paleron	23 k.	
Macreuse.	24	600
Milieu de paleron	19	600
Jambe (gîte-gîte).	18	400
Total.	85 k.	600

En même temps, comme je l'ai expliqué plus haut, des agents ont relevé les prix courants à Paris. Dans chaque boucherie ils ont noté le tarif de chaque pièce détaillée (à la livre), et cela pour chaque qualité de viande. Pour ma part, j'ai retenu la documentation ainsi prélevée dans le IIe et dans le Xe arrondissement, et j'ai pris, pour chacun de ces deux arrondissements, et pour la 1re et la 3e qualités, la moyenne des prix courants des boucheries y installées.

Pour les cuisses par exemple, j'ai obtenu les chiffres suivants :

	10e ARRONDISSEMENT		2e ARRONDISSEMENT	
	1re qualité	3e qualité	1re qualité	3e qualité
Jambes et queue . .	0f 80	0f 50	1f 40	0f 80
Culotte.	1 05	0 75	1 50	0 90
Hanches grasses . .	1 50	1 »	1 80	1 40
Tendres de tranche.	0 90	0 60	0 90	0 70
Semelles.	0 90	0 60	0 90	0 65

Le grand tableau qu'encadre cet article résume l'ensemble de ces opérations. On y voit, pour notre bœuf de 505 kilos de viande nette :

1° La répartition en morceaux ;

2° Le poids de chaque morceau et son affectation culinaire ;

3° Le prix moyen (à la livre), dans le Xe et dans le IIe arrondissement, pour une bête de 1re qualité et pour une bête de 3e qualité.

(1) On distingue entre les bœufs — ou la viande — de qualité *extra*, de 1re, de 2e et de 3e qualités.

Tableau indiquant le détail d'un bœuf de 505 kilos et les prix de vente.

		POIDS	PRIX DE LA LIVRE			
			10ᵉ arrondissement.		2ᵉ arrondissement.	
			1ʳᵉ qualité	2ᵉ qualité	1ʳᵉ qualité	2ᵉ qualité
1ʳᵉ Catégorie.	3 jambes et 1 queue (bouilli)	22 k	0f 80	0f 50	1f 40	0f 80
2 cuisses, 119 k. 200	3 culottes (bouilli)	4 600	1 05	0 75	1 50	0 90
	2 hanches grasses (bifteack, roastbeef)	26 600	1 50	1 »	1 80	1 40
	2 tendes de tranche (bouilli)	36 600	0 90	0 60	0 90	0 70
	2 semelles (gîte à la noix. gîte-gîte) (bouilli)	29 400	0 90	0 60	0 90	0 65
Aloyau, 63 k. 600	Aloyau proprement dit, filet et faux-filet (rôti)	42	2 »	1 75	3 30	1 85
	Rumsteack (rôti)	21 600	1 80	1 50	2 40	1 50
2 trains de côtes, 29 kios.	10 côtes (côtes de bœuf) (rôti)	20	1 30	1 »	1 90	1 20
	6 basses-côtes (entre côtes) (grillades)	9	1 70	1 40	2 30	1 50
2 hampes, 2 kilos.	Bifteack (grillade)	2	1 50	1 »	1 70	1 40
2 onglets, 4 kilos.	Bifteack (grillade)	4	1 50	1 »	1 70	1 40
2ᵉ Catégorie.						
2 pis avec surlonge, 62 k. 200	Côtés antérieurs le plus près du collier (bouilli)	62 200	0 80	0 50	0 90	0 65
Plates-côtes, 32 k. 400	14 côtes découvertes (bouilli)	16	0 90	0 60	1 10	0 80
	6 côtes couvertes ou dessus de côtes (bouilli)	16 400	0 80	0 45	1 »	0 80
Bavette, 28 k. 600	Bifteck (grillade)	28 600	1 50	1 »	1 50	1 30
Collier, 34 k. 400	Pot-au-feu (bouilli)	34 400	0 85	0 55	0 90	0 65
Joue, 13 k. 800	Pot-au-feu (bouilli)	13 800	0 85	0 55	0 90	0 65
Rognon, 27 kilos	Rognon de graisse (graisse)	25				
	Rognon de chair (viande sautée)	2	1 30	1 »	1 90	1 20
Paleron, 85 kil. 600	Derrière de paleron (bouilli)	23	0 95	0 65	1 20	0 80
	Macreuse (bouillie)	24 600	0 95	0 65	1 40	0 80
	Milieu du paleron (bouilli)	19 600	0 95	0 65	1 30	0 90
	Jambe (gîte-gîte) bouilli	18 400	0 80	0 50	0 90	0 65
Langue avec cornet, 3 kil.	Langue (bouilli)	3	6 fr. pièce.		6 fr. pièce.	

Et voici la récapitulation :

	10ᵉ ARRONDISSEMENT		2ᵉ ARRONDISSEMENT	
	1ʳᵉ qualité	3ᵉ qualité	1ʳᵉ qualité	3ᵉ qualité
1ʳᵉ catégorie, 217ᵏ 400	588ᶠ 42	450ᶠ 50	808ᶠ 64	519ᶠ 42
2ᵉ catégorie, 284ᵏ 800	555 30	367 96	668 88	475 56
Déchets, rognures pendant le dépeçage. . . . 2ᵏ 800				
505ᵏ				
Langue. . . 3ᵏ	6 »	6 »	6 »	6 »
Totaux.	1.149ᶠ 72	824ᶠ 46	1.483ᶠ 52	1.000ᶠ 98

Donc, dans le IIᵉ arrondissement de Paris, un bœuf de première qualité et du poids de 505 kilos en viande nette, est vendu au détail 1.483 fr. 52 ; un bœuf de même poids, mais de troisième qualité, est vendu 1.000 fr. 98.

Dans le Xᵉ arrondissement, le même bœuf de première qualité est vendu 1.149 fr. 72, et le même bœuf de troisième qualité, 824 fr. 46.

J'entends d'ici les bouchers se récrier :

— C'est faux ! Vous exagérez ! Dans la pratique il y a plus de déchets. Si les choses se passaient ainsi nous ferions tous fortune...

J'ai prévu ces protestations ; et c'est pourquoi j'ai pris la précaution de dire que je ne cherchais pas à chiffrer les bénéfices des bouchers. Ce que j'ai voulu établir, c'est le prix auquel nous tous, les consommateurs, nous payons la viande. Et cela, c'est indépendant du gain ou de la perte des commerçants. C'est ainsi parce que c'est ainsi.

Un boucher m'a résumé son commerce en ces termes : « Je fais 600 francs d'affaires par jour, mais j'ai 600 francs de frais généraux par semaine. » Je lui ai répondu : « Je ne veux point connaître vos secrets, et le public n'a pas à les connaître. Ce qu'il veut savoir, c'est le prix auquel on lui vend un bœuf de tel poids et de telle qualité, et pourquoi ce prix est si élevé. »

Tout récemment, au congrès du syndicat général de la boucherie française, un honorable chevillard disait aux détaillants : « Vous avez commis une faute en mettant le public au courant de vos affaires. »

La connaissance par les consommateurs du prix d'un aliment de première nécessité constituerait-elle un danger pour quelqu'un ?

———

Quoi qu'il en soit, récapitulons.

Le bœuf — celui de 1re qualité — est passé successivement de l'éleveur à l' « emboucheur », de l' « emboucheur » au commissionnaire, du commissionnaire au chevillard, du chevillard au boucher détaillant, et du boucher détaillant au consommateur.

L' « emboucheur » s'étant borné à compléter l'engraissement du bœuf, supprimons, pour simplifier, cet intermédiaire, et supposons que l'animal ait été engraissé par l'éleveur.

Ce dernier a gardé le bœuf pendant quatre ans. Cet entretien lui a coûté environ 0 fr. 50 par jour, soit 720 francs. Au terme de cet élevage, la bête pesait 841 kilogs.

Elle a été vendue par le commissionnaire au marché de la Villette à raison de 1 fr. 02 le kilo vif, soit 857 fr. 82.

Le chevillard acquéreur l'a abattue et en a tiré 505 kilogs de viande nette, qu'il a vendue au détaillant à raison de 1 fr. 60 le kilo, soit 808 francs. Mais il a vendu aussi le 5e quartier (cuir, abats, etc.) 140 francs.

Enfin le bœuf a été vendu au détail par le boucher 1.140 fr. 72 dans le Xe arrondissement et 1.483 fr. 52 dans le IIe.

[Je laisse de côté le bœuf de 3e qualité, car, les chiffres mis à part, le raisonnement serait le même.]

Si l'on admet que la nourriture de l'animal pendant son élevage et son engraissement (1.440 jours) a coûté 0 fr. 50 par jour, le bœuf valait 720 francs. Comme il a été vendu 857 fr. 82, le producteur a gagné 137 fr. 82, moins la note du commissionnaire (23 fr. 05), soit 114 fr. 77.

Par conséquent, en suivant toute la filière des intermédiaires pour arriver au consommateur, le bœuf est passé de 857 fr. 82 à 1.149 fr. 72, s'il a été débité dans le Xe arrondissement, et à 1.483 fr. 52

s'il a été débité dans le IIe. Dans le premier cas, son prix s'est trouvé majoré de *plus de 33 pour 100*, et dans le second, de *plus de 72 pour 100.*

Voilà un aliment de première nécessité qui, de Nevers à Paris, du pré de l'éleveur à la table du consommateur, a augmenté de 33 pour 100 si j'habite dans le faubourg Saint-Martin, et de 73 pour 100 si j'habite près de la Bourse. C'est énorme ! Et il est clair qu'il y a quelque chose de défectueux dans le système commercial aboutissant à un pareil écrasement du consommateur.

En somme, l'éleveur, le commissionnaire, le chevillard et le boucher détaillant se sont partagé 429 francs ou 763 francs. Quels sont leurs bénéfices respectifs ? L'éleveur avoue 114 francs, le commissionnaire 3 francs, le chevillard 15 francs, et le boucher une quinzaine de francs ; total : 152 francs. Nous sommes loin de compte.....

Il faudrait donc admettre que les frais ont absorbé le reste, soit 277 francs dans un cas, 611 dans l'autre !

Mais j'ai dit que je ne rechercherais pas les responsabilités ; je ne retiens qu'une constatation de fait : du pré nivernais à la table du consommateur, le prix du bœuf augmente de *33* et de *72 pour 100* au fil des intermédiaires ! Et je laisse au lecteur le soin de faire la répartition en prenant pour points de repère les ventes publiques au marché de la Villette, aux abattoirs et à l'étal, lesquelles donnent des chiffres incontestables.

Le rôle des intermédiaires, en matière commerciale, est trop souvent nécessaire et utile pour que l'on songe sérieusement à en faire le procès général. Mais il y a des espèces, et vraiment quand il s'agit d'un produit de première nécessité, comme la viande, on peut se demander si une cohorte d'intermédiaires qui fait grossir le prix de la denrée de 72 pour 100 de son prix initial n'est pas trop nombreuse, trop cupide, ou trop mal organisée.

D'aucuns ont proposé de décentraliser, de créer en province, et notamment dans les contrées de production, des grands marchés régionaux et des abattoirs d'où l'on expédierait à Paris la viande nette. Mais de solides et multiples arguments s'élèvent contre une organisation qui rendrait ainsi la capitale immédiatement tributaire de centres provinciaux.

D'autres, comme M. Fernand David, rapporteur à la Chambre du budget de l'Agriculture, préconisent une réorganisation des Halles centrales et aussi du marché de la Villette. Quelques-uns vont plus loin et voudraient que commissionnaires et chevillards fussent assimilés aux mandataires des Halles ; ils désireraient aussi qu'on limitât le nombre des boucheries de détail.

La limitation du nombre des détaillants entraînerait les inconvénients et les actes arbitraires de toute restriction de la liberté commerciale. Certes, il y a à Paris beaucoup de bouchers : près de 3.000 ; et cette multiplicité rend quelque peu sceptique le consommateur, à qui les bouchers répètent : « Nous ne réalisons pas de bénéfices. » Il est certain aussi que, si la concurrence profite en principe au consommateur, leur multiplication exagérée contraint les détaillants à des accroissements de luxe, d' « achalandage » et de frais généraux qui, tôt ou tard, seront payés par les clients.

Les bouchers, par exemple, se plaignent de ce que maint acheteur exige qu'on lui livre la marchandise à domicile. Cela les oblige à augmenter leur personnel. Mais qui donc a inauguré ce système, si ce n'est un boucher qui, pour faire à son voisin une concurrence victorieuse, s'offrait à porter, ou acceptait de porter la viande à domicile ? Pour ne pas rester en état d'infériorité, le voisin a dû suivre la même voie ; le système s'est généralisé, et à la fin du compte, il a fallu augmenter les prix pour récupérer ce surcroît de frais généraux, de sorte que *tous* les consommateurs ont payé un avantage consenti à quelques-uns.

Et le « sou du franc », et les *trinkgelt*, et les remises : est-ce que ces détestables traditions ne sont pas supportées par tout le monde ?

Le renchérissement de la viande a pris de telles proportions que, dans les quartiers riches, des modes nouvelles s'implantent petit à petit. Les ménages sans enfants quittent leur appartement pour aller vivre à l'hôtel. Les familles nombreuses, pour n'être plus la proie de la domesticité unie aux fournisseurs, traitent avec leur maître-d'hôtel à qui elles disent : « Nous vous donnons telle somme à forfait pour nous alimenter dans telles et telles conditions. Débrouillez-vous avec les marchands; c'est désormais votre affaire personnelle. »

Quoi qu'il en soit, il est impossible d'envisager une restriction de la liberté commerciale, et notamment une limitation du nombre des boucheries. A cet égard l'ancien régime a fait ses preuves.

On sait qu'au xiiie siècle les bouchers se réunissaient en communautés jouissant d'immunités particulières, l'autorité royale intervenant pour approuver ou modifier leurs statuts : d'où la limitation du nombre des détaillants. Mais ce système provoqua de si criants abus qu'on dut s'acheminer petit à petit vers la liberté; et dès 1416, la communauté de Chartres, par exemple, fut supprimée pour le plus grand bien des consommateurs et parce que « tant plus y aura de bouchers et gens tenant et vendant chairs en détail, tant plus sera le profit du commerce et de la chose publique ». Il est vrai que jusqu'en 1789, la corporation fut maintenue sous la surveillance des officiers municipaux; mais la Révolution proclama la liberté nécessaire.

Mais alors, dira-t-on, s'il est établi que de Nevers à Paris, la viande augmente dans les proportions considérables que nous avons chiffrées, que faire pour défendre le consommateur?

Aucun remède absolu n'apparaît. On peut utilement ment diminuer les droits d'entrée (qui sont très élevés) et les taxes accessoires, remanier les Halles et le marché de la Villette, abattre des bestiaux en province, améliorer le régime de la commission et de la « cheville »... On peut réaliser beaucoup de petites choses.

Mais rien ne sera aussi utile, quoi qu'on dise et quoi qu'on fasse, que l'*afflux* devant le consommateur de bonne viande, étrangère ou française. Plus il y en aura, moins cher on la payera, n'en déplaise aux protectionnistes.

Novembre-décembre 1911.

Des Réformes
au Ministère du Commerce

DES RÉFORMES
AU MINISTÈRE DU COMMERCE

Des lacunes de notre administration. — Les crises économiques. — Comment les atténuer? — A la recherche des
solutions. — Un remède trop commode. — Devant le Parlement. — L'avocat des ouvriers et l'avocat des patrons. —
On demande des enquêteurs. — Un service à organiser.

Dans le rapport qu'il a récemment déposé sur le
budget du ministère du Commerce, M. Raoul Péret
a insisté sur la nécessité de rendre notre organisme
économique plus adéquat aux besoins de la situation
présente. Tandis que les procédés commerciaux et
les méthodes industrielles se transformaient, le
ministère constatait, sans la suivre, cette évolution
économique, et ses rouages archaïques continuaient
d'administrer la production nationale comme au
temps où il n'existait ni trusts, ni cartels, ni unions
de producteurs. Et M. Raoul Péret en déduit que,
pour stimuler le développement de la richesse natio-

nale, il faut moderniser notre vieille machine et nos méthodes administratives.

Pour apprécier la justesse de ces conclusions, il suffit d'observer ce qui se passe chaque fois qu'une crise aiguë menace une de nos industries nationales. En pareil cas, que fait l'État? Car c'est sur l'État que pleuvent toutes les réclamations, c'est vers lui que montent les doléances et les plaintes : aussi bien celles des chambres de commerce et des groupements professionnels que celles des particuliers. Le ministère épluche les communications qui lui sont adressées, après quoi, sept fois sur dix, il conclut à une modification du tarif douanier. Souvent, en effet, la restriction ou la suppression totale de la concurrence étrangère atténue momentanément la crise. Mais par contre, c'est aux dépens du consommateur qui, étranger aux causes du malaise, se trouve condamné sans appel à payer le remède.

On n'a pas procédé autrement pour secourir la mégisserie de Millau, la cordonnerie de Fougères, l'industrie septentrionale du verre à vitres, et même les pêcheurs bretons quand la sardine a manqué sur nos côtes, puisqu'on a eu l'idée de frapper d'un droit prohibitif les sardines d'Espagne et du Portugal.

Modifications des tarifs douaniers : voilà le *Deus ex machina,* la panacée universelle aux yeux de l'administration chargée de veiller sur notre production nationale! Et son emploi paraît d'autant plus facile que le consommateur, à qui est réservé le plaisir de payer et d'avaler la drogue, encore qu'il ne soit point malade, ne proteste pas.

A la rigueur, quand la concurrence étrangère constitue l'unique ou la principale cause d'une crise, on admet que le consommateur, ayant bénéficié de cette concurrence, participe, pour une raison de solidarité nationale, aux frais de sauvetage de l'industrie française menacée ; et l'on aurait mauvaise grâce à protester contre un remaniement douanier. Mais il en va tout autrement lorsque le malaise provient d'autres causes : par exemple de l'insuffisance de la main-d'œuvre, d'une élévation exagérée des salaires, du manque de moyens de transport pour les matières premières ou les produits fabriqués, des tarifs de chemins de fer, des conditions climatériques, de la surabondance ou du déficit des récoltes, de la centralisation excessive des entreprises, de leur dispersion ou de leur défaut de cohésion... Des causes de cette espèce appelleraient des remèdes appropriés. Mais comment l'administration peut-elle les connaître, en dégager l'infinie complexité, faire apparaître la part qui revient à chacune d'elles dans le malaise signalé ?

Il en est des crises économiques comme des épidémies : pour les combattre, il faut en savoir exactement les origines. Or, le ministère du Commerce, chargé de veiller sur la santé économique du pays, manque de médecins pour aller étudier sur place les sources du mal. Il est peuplé de fonctionnaires excellents, mais dont la bureaucratie absorbe souvent l'effort et paralyse les initiatives. Sa documentation se trouve limitée aux indications transmises — d'ordinaire — par les parties intéressées, indications qui, par suite, s'inspirent d'intérêts particuliers. L'administration, en somme, ne possède qu'une partie des éléments de son diagnostic. Elle ne peut que juger sur pièces, sur des dossiers plus ou moins bien constitués. Invité à faire connaître son sentiment sur un projet tendant à restaurer une importante industrie, un ministre du Commerce ne se présenta-t-il pas, un jour, muni, pour toute documentation, de rapports de préfets !

On invoquera le recours naturel aux chambres de commerce ; mais celles-ci ne travaillent pas toujours « sur demande »; et si leurs avis motivés constituent la base la plus sérieuse, ils ne sauraient suffire dans tous les cas.

Et donc, que faudrait-il, pour que l'administration pût discerner bien nettement les causes d'une crise industrielle ou commerciale ? Il faudrait qu'elle pût envoyer sur place, et dès l'apparition des premiers symptômes de la crise, des enquêteurs offrant des garanties particulières de compétence. Rien ne vaut autant qu'une exploration méthodique, qu'une investigation directe, qu'une étude *de visu* et *de auditu.*

A dire vrai, le ministère du Commerce possédait

autrefois un organisme de cette nature, mais seulement sur les questions dites « du travail », pour les questions ouvrières : c'était l'Office du travail, constitué vers 1891, et qui fut rattaché en 1895, sous la direction de M. Arthur Fontaine, à la maison de la rue de Grenelle. Mais ce service fut transporté au ministère du Travail quand M. Clemenceau créa cette administration, et il n'en subsista rien au ministère du Commerce démantelé.

Pourtant l'utilité du service de M. Arthur Fontaine aurait pu inciter quelque prédécesseur de M. Couyba à en reconstituer un nouveau, à l'usage spécial du commerce et de l'industrie. Dès qu'une question de salaire est en jeu, qu'il s'agisse d'une grève, d'un lock-out ou de toute autre crise économique, le ministère du Travail délègue sur place un de ses enquêteurs professionnels, qui reçoit la mission, non seulement de rechercher les causes du conflit ou du malaise, mais encore les moyens d'en atténuer les effets. Au ministère du Commerce, rien de semblable : il y a la consultation des chambres de commerce, par correspondance. C'est beaucoup, mais cela ne vaut pas une enquête directe, tant auprès des chambres de commerce qu'auprès de toutes les personnes susceptibles de traiter la question en connaissance de cause.

D'ailleurs, ce n'est pas seulement en cas de crise que l'administration aurait grand besoin d'être documentée avec précision. Elle en a besoin d'une manière permanente, chaque fois notamment qu'un projet de loi visant une industrie ou un commerce déterminé, il est utile d'en connaître par avance les répercussions sur cette industrie ou sur ce commerce déterminé. Devant le Parlement, en pareil cas, les ouvriers ont un avocat, qui est le ministre du Travail; mais les patrons en ont un aussi, qui est le ministre du Commerce. Si le premier de nos avocats sacrifie trop l'intérêt général ou l'intérêt des patrons à l'intérêt des ouvriers, il est nécessaire que le second rétablisse l'équilibre. Et réciproquement, d'ailleurs. Or, qui niera que le Travail, en l'état actuel des choses, est mieux armé et plus documenté que le Commerce ?

On dirait véritablement que tout est combiné pour priver le ministère du Commerce de renseignements. Voyez les « attachés commerciaux » — au nombre de six — qui travaillent à nous chercher des débouchés à l'étranger. Ils viennent se documenter en France; mais de qui dépendent-ils ? Du ministère des Affaires étrangères. Le ministère du Commerce ne connaît leurs efforts et leurs initiatives que par intermédiaire!

Un fonctionnaire de grand mérite, et à qui la création d'une service d'enquêteurs paraît « indispensable », nous disait récemment :

— Le nombre des groupements industriels et commerciaux existant en France s'est considérablement accru au cours des vingt dernières années. Depuis la loi du 9 avril 1898 sur les chambres de commerce, il ne s'est pas écoulé d'année sans qu'on ait eu à enregistrer la création d'un ou de plusieurs de ces groupements. On compte présentement 146 chambres de commerce. Or, on ne s'est peut-être pas suffisamment préoccupé de les mettre en rapport avec le pouvoir central, de provoquer leurs avis, d'écouter leurs vœux, de discuter leurs propositions. Livrées à elles-mêmes, elles ne reçoivent jamais la visite de délégués ministériels qui pourraient rapporter au ministre l'expression des desiderata de ces groupements. Et cependant quels avantages ne tireraient pas nos commerçants et nos industriels d'un contact plus étroit des chambres de commerce, soit avec le pouvoir central, soit entre elles! C'est en unissant leurs efforts — comme l'a prévu la loi de 1898 — qu'on peut obtenir leur participation efficace et réelle à des travaux d'intérêt général. C'est par des congrès de chambres de commerce qu'on peut espérer apporter quelque amélioration au régime des transports terrestres et maritimes, qu'on peut ouvrir des débouchés nouveaux à l'exportation de nos produits, qu'on peut entreprendre des œuvres d'intérêt général susceptibles d'étendre la prospérité de l'industrie. C'est en faisant tout cela qu'on peut éviter, et dans tous les cas atténuer, les crises dont souffrent périodiquement nos diverses industries.

« Récemment encore le ministre du Commerce s'est proposé d'étendre et de développer dans les différentes régions de la France les institutions d'enseignement technique. Quelques chambres de commerce seulement — les plus puissantes — subventionnent des cours commerciaux ou entretiennent des écoles de commerce. Si l'initiative ministérielle leur était transmise, non plus, comme aujourd'hui, sous forme d'un encouragement banal, mais par l'entremise d'un représentant direct de l'administration qui, après une étude des besoins locaux, suggérerait lui-même les solutions à prendre, il est à présumer que, de même qu'en matière économique, les résultats seraient meilleurs. »

Il y a tout lieu de penser que l'organisation d'un service d' « enquêteurs économiques » ne sera pas reléguée au dernier plan des préoccupations de l'administration : d'autant plus qu'il n'est pas besoin, pour mettre au point une aussi minime réforme, de créer de nouveaux fonctionnaires; il suffit d'en affecter quelques-uns à cette intéressante besogne. M. Couyba et M. Chapsal sauront certainement — si cette idée leur agrée — la réaliser utilement au point de vue pratique.

Décembre 1911.

La Réorganisation
de la Marine marchande

LA RÉORGANISATION
DE LA MARINE MARCHANDE

I

LE PROBLÈME POLITIQUE
ET LE PROBLÈME ÉCONOMIQUE

A propos d'un bruit. — L'émotion chez les inscrits maritimes. — La décadence de la marine marchande. — Comment lui rendre sa vitalité. — Problème économique et
problème administratif. — Les trois parties du problème
économique : les ports, le réseau intérieur, la flotte. —
Conséquences désastreuses de la « politique d'arrondissement ». — Quelques aperçus sur la question.

Depuis quelques jours, on parle beaucoup de la
concentration des divers services de la marine marchande au ministère du Commerce : à telle enseigne
que les inscrits maritimes se sont émus et protestent
contre cette réforme éventuelle.

A dire vrai, la question est moins avancée : elle
n'est que posée, et encore d'une façon moins précise

et moins pressante qu'on ne paraît le croire dans le monde des marins. Au surplus, il en est peu d'aussi complexes. Elle comporte à la fois un problème économique et politique, et un problème administratif, le premier du ressort législatif, le second du ressort exécutif.

Problème économique et politique : notre marine marchande perdant du terrain devant celles des autres pays, comment pourra-t-on lui rendre sa prospérité, sa vitalité d'autrefois?

Problème administratif : comment donner à cet élément de l'activité et de la richesse nationales un cadre susceptible d'en stimuler le développement ?

L'un et l'autre sont liés. Avec l'organisation administrative actuelle, tout effort législatif ou privé demeure stérile ; et d'autre part, réformer les services et les bureaux sans toucher à l'organisation générale de la marine ne servirait de rien. Il importe donc de mener de front les deux études, de manière à coordonner les solutions.

Envisageons d'abord le problème économique et politique.

———————

Les statistiques annuelles montrent clairement que notre marine marchande ne progresse pas, ou du moins qu'elle progresse d'une manière insignifiante en comparaison de ses rivales. La preuve, c'est que, du second rang, elle est descendue au quatrième. Entre l'Angleterre et la France, l'Allemagne, les États-Unis se sont interposés. L'Italie, la Norvège nous talonnent. Encore quelques années, et nous passerons à l'arrière-plan.

Les chiffres de l'administration des douanes accusent brutalement cette décadence. Il suffit, pour s'en convaincre, d'examiner le tableau suivant :

ANNÉES	TONNAGE TRANSPORTÉ PAR NAVIRES FRANÇAIS		TONNAGE TRANSPORTÉ PAR NAVIRES ÉTRANGERS	
	Proportion du pavillon national à l'importation pour 100.	Proportion du pavillon national à l'exportation pour 100.	Proportion du pavillon étranger à l'importation pour 100.	Proportion du pavillon étranger à l'exportation pour 100.
1900...	73.82	49.18	26.18	50.82
1901...	74.60	48.19	25.40	51.81
1902...	74.62	48 27	25.38	51.73
1903...	75.90	47.73	24.20	52.27
1904..	75·37	46.73	24.63	53.27
1905...	75.25	46.45	24 75	53.55
1906...	77.58	46 09	22.42	53.91
1907...	77 79	46.68	22.21	53.32
1908...	77.73	45 76	22.27	54.24
1909..	77.39	44.60	22 61	55.40

Le tonnage net des navires chargés qui sont entrés dans les ports français révèle une situation encore plus inquiétante :

Années	Proportion des navires français
1900.	25,5 p. 100
1901.	26,3
1902.	25,8
1903.	25
1904.	25,6
1905.	27,7
1906.	24,4
1907.	23
1908.	23,7
1909.	23,7

Enfin, depuis onze ans, le cabotage n'a pas plus varié quant au mouvement général des marchandises (3.300.000 tonnes) que quant au nombre des tonneaux entrés par navires chargés (6.500.000 tonnes).

A quoi faut-il attribuer ce recul? A des causes multiples, mais surtout à la « politique d'arrondissement », qui pèse de tout son poids sur les trois parties du problème économique : la question des ports, la question du réseau de communications intérieures, et la question de la flotte. Il suffit, pour s'en rendre compte, d'examiner une à une ces trois questions, qui sont les questions vitales de notre marine marchande.

Prenons celle des ports.

Jusqu'à présent — et ici je simplifie, pour être compris par tout le monde — les ports français n'ont pas joui de l'autonomie : les ministères intéressés prévoient dans leur budget les dépenses afférentes aux travaux jugés nécessaires dans chacun d'eux, les chambres de commerce participant d'ailleurs aux frais. Donc, les ports se disputent les contributions pécuniaires de l'État; l'influence et l'intrigue électorale jouent à l'envi; et telle ville se voit parfois gratifiée de grosses, mais inutiles, prébendes, tandis que telle autre reste privée d'améliorations nécessaires.

Puis, chaque port ne s'intéresse qu'au nombre

des navires qui y pénètrent : peu lui chaut que ces navires battent pavillon français ou pavillon étranger. L'essentiel, c'est qu'il en vienne beaucoup, et que le produit du péage monte.

Or, qui oserait prétendre que, l'avenir de notre marine marchande étant envisagé de ces points de vue particuliers, la somme des intérêts locaux représente l'intérêt de la marine française?

En établissant l'autonomie des ports, la Chambre a voulu affranchir notre grand commerce des combinaisons déplorables de la politique d'arrondissement. Les ports ne seront plus des hôtelleries où l'on se préoccupe toujours du nombre des clients, et jamais de leur nationalité. On comprendra plus clairement que, la marchandise suivant le pavillon, il est utile, indispensable même, que le drapeau français flotte dans le plus d'endroits possibles aux yeux de l'étranger comme à nos propres yeux.

L'autonomie des ports, c'est bien. Mais ce n'est pas tout : ce n'est qu'une première phase de la lutte contre la concurrence mondiale. Demain, quand la Chambre ayant ratifié les modifications secondaires apportées par le Sénat à son texte, cette autonomie sera acquise, qu'arrivera-t-il?

Les appels à la bourse de l'État ayant cessé, chaque port se trouvera dans la situation d'une maison de commerce, laquelle ne peut prospérer qu'à force de recettes. Pas de recettes, pas d'améliorations possibles. Ainsi s'opérera fatalement une sélection : les bons ports, comme Dunkerque, le

Havre, Bordeaux, Marseille, se développeront ;
d'autres conserveront une position secondaire ; le
reste disparaîtra.

Mais la sélection opérée, notre marine marchande
ne sera pas *ipso facto* remise au pinacle. Il faudra
encore organiser dans notre pays un réseau de
voies, fluviales et autres, pour canaliser les marchandises vers les ports survivants. Et ainsi se pose
la seconde partie du problème économique.

—————

Quel est, en somme, l'intérêt de notre marine nationale ?

C'est que le plus possible de marchandises françaises soient portées au dehors par bateaux français, et que notre pavillon aille flotter partout.
Aujourd'hui nos produits sont embarqués indiffé-
remment sur des lignes françaises ou sur des lignes
étrangères. Parfois même ils sont embarqués *de
préférence* sur des lignes étrangères, anglaises ou
allemandes, de trajectoire plus étendue. Pourquoi
un expéditeur confierait-il à Dunkerque un colis
qui sera transbordé à Pernambuco, s'il peut l'envoyer directement au delà du détroit de Magellan ?
Ce n'est pas tout. Qui dit commerce de mer dit
commerce d'exportation. Qui dit commerce d'exportation dit commission. Or, même pour les marchandises françaises, la commission n'est que très partiellement entre des mains françaises. Exemple :
notre commerce avec la Russie ne se fait pas direc-

tement par Paris-Riga-Saint-Pétersbourg, mais par Paris-Hambourg et l'Allemagne. Une barrique de vin de Bordeaux fait escale à Hambourg, où des intermédiaires sans scrupules peuvent « tripatouiller » tout à leur aise son contenu, la loi allemande admettant qu'un produit n'est pas dénaturé s'il contient, après manipulation, 45 pour 100 du produit primitif.

Enfin l'intérêt de notre marine, c'est qu'on amène dans ses ports le plus de marchandises possible. Il arrive fréquemment que des raisons d'ordre économique détournent des ports français certaines cargaisons pour les canaliser vers des ports étrangers. Est-ce que les lignes de chemins de fer belges, non seulement grâce à leurs tarifs, mais encore grâce à des ristournes à l'expéditeur, ne viennent pas nous disputer sur notre territoire le trafic qui devrait se faire de Dunkerque à Anvers ?

Il ne suffira donc pas de faire porter toute la sollicitude nationale sur quatre, cinq ou six ports : il faudra encore créer à ces ports un hinterland sérieux, un réseau approprié de voies navigables pour pomper les produits de l'intérieur et pour aller capter jusqu'aux frontières de terre et créer un amorçage sur les lignes d'eau et les lignes ferrées de l'étranger.

Alors, mais alors seulement, on aura de multiples points de contact avec l'étranger, des ports outillés, peut-être des frets à la sortie, bref, les éléments d'un trafic suffisant pour justifier la modernisation et l'extension de l'armement et des lignes.

————————

Reste la troisième partie du problème économique : la question de la flotte.

Actuellement nous vivons sous le régime protecteur des encouragements donnés à la marine (construction et armement) sous la forme de primes. Mais ce régime prendra fin en 1918. Que fera-t-on, à la veille de cette échéance? Le maintiendra-t-on purement et simplement, ou le modifiera-t-on, ou bien le remplacera-t-on par un autre, ou bien encore abandonnera-t-on tout système de protection? Dès 1915 le Parlement devra s'en préoccuper.

Certains préconisent le retour au régime de la surtaxe de pavillon. Et voici leur raisonnement :

— Le régime actuel — celui des primes — coûte cher; et cependant la marine végète. Au contraire, le régime précédent — la surtaxe de pavillon inaugurée par le baron Louis sous la Restauration — rapportait de l'argent au Trésor et donnait à notre marine la seconde place. Après la guerre, il est vrai, on s'aperçut que la marine déclinait; mais c'était la conséquence du libre-échange et des traités de commerce de 1866. Quand le mal s'aggrava, comme on ne pouvait pas dénoncer les traités, on songea à protéger directement la marine : « Donnons des primes à la construction et à la navigation, dit-on. Ainsi nous aurons beaucoup de bateaux et qui circuleront. » Mais toutes les lois tissées sur ce canevas

(1881, 1893, 1902) profitèrent aux constructeurs, laissant les armateurs au second plan, sous prétexte que « quand la construction va, l'armement va aussi ». Il a fallu celle de 1906 pour mettre plus d'équité dans les encouragements.

A un moment donné, on avait songé à faire entrer les encouragements à la marine marchande dans le système de protection nationale inauguré en 1892. Mais des hommes comme M. Peytral, comme M. Charles-Roux lui-même, protestèrent : « Laissez les ports prospérer. Ils se développeront tout seuls. » C'est qu'on ne voulait voir le développement de la marine marchande qu'à travers les ports. Et ce n'était peut-être pas une conception très juste. Quoi qu'il en soit, la marine fut exclue du régime général de protection. Mais, en 1893, on vota la loi sur les voiliers; et ce fut la « cueillette des primes », de déplorable mémoire.

Bref, la France a fait deux expériences : celle de la surtaxe de pavillon, qui a donné de bons résultats, et celle des primes, qui en a donné de mauvais. Dès lors, pourquoi ne pas revenir au premier système, quitte à le moderniser ?

Ainsi raisonnent les partisans de la surtaxe.

— C'est impossible, objectent les partisans des primes. Il est vrai que nous n'aurons plus de traités de commerce; mais nous sommes liés par des traités de navigation.

— Pardon ! répliquent les premiers. Quelques-uns de ces traités de navigation expirent entre 1915 et 1918, et les autres peuvent être dénoncés, à la condition de prévenir un an ou dix-huit mois d'avance.

— Nous aurons des représailles.

— Ce n'est pas sûr. D'ailleurs, point n'est nécessaire de reprendre sans modifications le système du baron Louis. Remarquez que la surtaxe rapporterait de l'argent, et qu'avec cet argent on pourrait encourager la marine. Prenez le Havre. Voilà un port où l'on entreprend pour 86 millions de travaux. La chambre de commerce couvre 43 millions au moyen d'un emprunt (annuités de 5,64 pour 100 en trente ans). En échange, elle est autorisée à percevoir des taxes qui lui donneront 3 millions par an. Mais elle ne recevra ces 3 millions que s'il vient chez elle assez de bateaux : « Elle ne les recevra donc pas, dira-t-on, si la surtaxe éloigne du port les navires étrangers. » C'est vrai; mais, avec la plus-value de cette surtaxe, l'État pourra garantir une partie du déficit.

Ainsi la controverse se poursuit entre partisans des primes et partisans de la surtaxe, sans compter les partisans de la liberté absolue, sans primes ni surtaxe.

Sans prendre position dans un camp, nous avons voulu exposer objectivement les trois questions du problème économique et politique de la marine marchande.

Il nous reste maintenant à exposer le problème administratif : l'organisation administrative actuelle se prête-t-elle à la réalisation du problème économique. Et si non, qu'y a-t-il à faire pour qu'elle s'y prête ?

II

LE PROBLÈME ADMINISTRATIF

Après le problème politique et économique, le problème administratif. — La dispersion des services : on en a mis partout. — La commission de la marine marchande et le rapport Colson. — Timides réformes. — Il faut alléger le ministère de la Marine. — La concentration des services s'impose. — Une question primordiale : une décision de principe, un programme, un chef.

Dans le précédent article, après avoir montré la décadence de notre marine marchande, nous avons envisagé dans leurs plus grandes lignes le problème politique et économique de sa réorganisation et le programme de notre expansion commerciale dans le monde. Il reste à étudier le problème administratif, car la solution du premier commande une refonte de notre administration, et cela d'autant plus impérieusement que la flotte commerciale constitue un auxiliaire nécessaire de la flotte de guerre.

Actuellement les services de la marine marchande

se trouvent dispersés dans une demi-douzaine de ministères. Ouvrons un annuaire. Qu'y voyons-nous?

Au ministère du Commerce : les lois et règlements ; la liquidation et la comptabilité des primes ; les assurances ; le pilotage ; la grande pêche ; les écoles d'hydrographie.

Au ministère de la Marine : la délimitation des circonscriptions ; la sécurité de la navigation, la réglementation du travail à bord ; la petite pêche ou pêche côtière ; l'assistance et l'inscription maritimes ; la caisse des invalides ; l'enseignement nautique ; les tribunaux maritimes commerciaux.

Au ministère des Travaux publics : les ports, phares et balises ; les ouvrages maritimes.

Au ministère des Finances : la perception des taxes sur les navires et sur les marchandises ; la statistique des mouvements d'entrée et de sortie des ports.

Au sous-secrétariat d'État des postes : les services postaux et télégraphiques maritimes.

Au ministère de l'Intérieur : le contrôle de l'aménagement des navires pour ce qui concerne les émigrants ; les services sanitaires.

Une pareille dispersion des services gêne ceux qui travaillent avec ou dans la marine marchande, car ils sont ballottés d'une administration à l'autre. En outre, elle paralyse tout effort pour réaliser une politique « de la marine marchande ». Les lenteurs administratives retardent la solution des questions les plus simples ; les responsabilités s'émiettent, quand elles ne s'évanouissent pas ; les commerçants et les armateurs se découragent ; et du second rang, au point de vue maritime, la France passe au quatrième. Demain elle passera au cinquième, après-demain au sixième...

Par un décret du 1er octobre 1910 une commission avait été constituée sous la présidence de M. Alfred Picard en vue de rechercher s'il serait possible de remédier à un mal évident par un remaniement des attributions des diverses administrations. Il s'agissait d'établir une répartition plus rationnelle que celle qui résulte actuellement en partie de traditions fondées sur des raisons anciennes aujourd'hui disparues, en partie de modifications hâtives effectuées en quelques heures lors de la répartition des portefeuilles dans la formation d'un cabinet. Cette commission confia à M. Colson le soin de condenser dans un rapport les résultats de ses délibérations.

Ce rapport constitue le plus récent document officiel traitant de la question. Peut-être servira-il de base à la discussion du projet d'ensemble sur la réorganisation administrative de notre marine marchande. C'est pourquoi il nous a paru intéressant d'en exposer les lignes principales.

Tout d'abord — et avec raison — la commission a écarté résolument la conception d'après laquelle le ministère du Commerce aurait à s'occuper des intérêts des armateurs, tandis que la défense des intérêts des

équipages serait confiée au ministère de la Marine.
Il est évident, en effet, que les représentants de
l'État doivent, en toute matière, envisager simulta-
nément les intérêts de tous les citoyens, entrepreneurs et travailleurs, producteurs et consommateurs;
les administrations publiques doivent toutes tenir la
balance égale entre les uns et les autres, au besoin
servir d'arbitre entre eux, mais jamais fournir aux
unes contre les autres des avocats d'office. La répartition des services de la marine marchande ne doit
établir aucune opposition, aucune distinction entre
les intérêts de l'armement et ceux des gens de la mer,
car ces intérêts sont intimement liés.

La commission a également écarté le critérium
d'après lequel la base de cette répartition consisterait dans la distinction entre le point de vue *commercial* et le point de vue *nautique*. Il n'y a pas
plus de raison, par exemple, pour renvoyer au
ministère de la Marine les questions de la compétence des marins que pour renvoyer à celui des Travaux publics, à cause de la grande compétence de
ses ingénieurs, les questions techniques, dont le
comité consultatif des arts et manufactures au
ministère du Commerce s'occupe à chacune de ses
séances.

Toutefois la commission n'a pas conclu qu'il fal-
fait transférer au ministère du Commerce *toutes* les
attributions actuelles du ministère de la Marine concernant la navigation commerciale, en ne réservant
l'intervention de ce dernier que dans les questions

qui touchent à la défense nationale. Deux ordres de considérations l'ont empêché — dit M. Colson — de se rallier à une solution radicale et de proposer dès à présent une réunion complète de tous les services de la marine marchande. Ces deux considérations sont : l'inscription maritime et la discipline à bord des navires.

Le service de l'inscription maritime, institué au ministère de la Marine, par le fait même du rôle qu'il joue pour recruter la flotte au moyen d'un personnel essentiellement mobile, tient les matricules .des gens de mer, constate leurs engagements; il constate également l'armement et les mouvements des navires; il tient les écritures nécessaires pour la liquidation des primes et des compensations d'armement. Ce service est confié, depuis 1902, à un personnel spécial, absolument séparé du commissariat de la marine. Il suffirait de décharger ce personnel du recrutement de la flotte pour que son rattachement à un ministère civil ne présentât aucun inconvénient. Cependant la commission a estimé que, tant que le législateur n'aurait pas complété l'assimilation du recrutement de l'armée de mer avec celui de l'armée de terre en abolissant l'inscription maritime, il subsisterait entre cet ensemble de services et le ministère de la Marine un lien suffisant pour maintenir les traditions qui les font dépendre de ce département.

Pour ce qui est de la discipline à bord des navires, on sait qu'une législation spéciale établit une disci-

pline quasi-militaire; des tribunaux spéciaux, présidés par les agents de l'inscription maritime, sont chargés de punir la désertion ou d'appliquer au retour des pénalités encourues au cours d'un voyage. La commission a constaté qu'un relâchement, parfois voulu, dans l'exécution des lois toujours en vigueur avait singulièrement atténué l'analogie entre la discipline de la marine marchande et celle d'une armée. Elle a constaté aussi que des projets actuellement à l'étude tendaient à couper définitivement le lien que la légion disciplinaire maintient entre la marine marchande et la marine militaire. Mais elle a conclu que, tant que ce lien subsisterait légalement, il fallait laisser rue Royale la justice maritime.

Étant d'avis qu'il y a lieu, quant à présent, de maintenir au ministère de la Marine l'inscription et les mesures disciplinaires, la commission ne pouvait pas ne pas se prononcer pour le maintien au même ministère de l'établissement des invalides de la marine avec toutes les caisses qu'il administre : caisse des invalides, caisse de prévoyance, caisse des gens de mer. Pareillement elle a proposé de conserver rue Royale la petite pêche. Attendu que les marins de la petite pêche, réserve de l'armée de mer, représentent un effectif de 83.800 hommes contre 9.400 marins occupés par la grande pêche et 35.700 par les transports maritimes et le service des ports, il ne lui a pas paru nécessaire de « troubler les habitudes d'une population aussi considérable, alors qu'aucune nécessité pratique ne l'exigeait ».

Ayant ainsi fait aux idées de conservation des traditions anciennes ces larges concessions, la commission a voulu cependant se montrer novatrice. D'abord elle a émis l'avis qu'il fallait laisser au ministère du Commerce tout ce qui rentrait actuellement dans ses attributions. Ensuite elle a estimé qu'il y avait lieu de transférer de la rue Royale à la rue de Grenelle tout ce qui concerne l'application de la loi du 17 avril 1907 sur la sécurité de la navigation maritime et la réglementation du travail à bord; de la place Beauvau à la rue de Grenelle le contrôle de l'aménagement des navires pour le transport des émigrants, le ministère de l'Intérieur ne gardant que la surveillance du transit de ces émigrants, qui est intimement liée à la police générale; de la rue Royale à la rue de Grenelle encore l'enseignement nautique, toutes les opérations que comporte la liquidation des primes à la construction, les crédits ou subventions votés chaque année pour les ports.

Enfin elle a examiné la question des subventions allouées aux lignes régulières de navigation maritime pour l'exécution des services postaux. On sait que, dans les 25 millions de dépenses que le budget supporte chaque année de ce chef, un dixième seulement a vraiment pour objet de rémunérer les transports effectués pour ces services; tout le reste a le caractère de subventions destinées à assurer l'organisation des lignes régulières et rapides, sous pavillon français, entre nos ports et les diverses régions d'outre-mer.

« Les paquebots postaux, dit M. Colson, ne sont ni spécialement affectés au transport de la poste, ni seuls chargés de ces transports. Ils reçoivent déjà les primes à la construction, payées par le ministère du Commerce; déjà aussi les navires touchant les primes à la navigation et les compensations d'armement sont tenus, tout comme les paquebots postaux, de transporter gratuitement les correspondances qui leur sont remises par l'administration des postes. Celle-ci n'attend d'ailleurs pas les départs des paquebots français pour acheminer les correspondances sur les pays d'outre-mer, et bien souvent elle les remet à des lignes étrangères auxquelles elle paye le transport.

« La commission estime qu'il y a tout avantage, au point de vue de la clarté budgétaire, comme à celui du bon emploi et de la coordination des crédits affectés à subventionner la marine marchande, à les inscrire tous au même ministère du Commerce, qui sera chargé de déterminer les conditions générales de l'obtention des subventions et de négocier les contrats que nécessitent celles qui sont spécialement destinées à assurer l'existence de certains services rapides et réguliers...

« Ce changement de régime n'empêcherait pas, si un jour on créait pour le service postal et télégraphique un budget spécial analogue à celui des chemins de fer de l'État, d'assurer la sincérité de ce budget en y faisant figurer les dépenses afférentes au transport des dépêches par mer, de même qu'il faudrait bien y faire figurer un prix pour leur transport effectué gratuitement par les chemins de fer, et aussi une contribution pour les pensions des anciens agents des postes. Dans le cas où le payement des transports maritimes serait noyé dans les subventions inscrites au budget du commerce, comme celui des transports par voie ferrée l'est dans les subventions aux compagnies inscrites au budget des Travaux publics ou des Finances, comme le montant des pensions l'est dans le service de la Dette publique, rien ne serait plus aisé que de faire apparaître dans le budget spécial la part de chacune de ces dépenses à imputer au compte de la régie des postes et des télégraphes, à titre de concours aux payements effectués par un autre ministère. Mais on ne saurait maintenir raisonnablement une répartition des crédits grâce à laquelle le transport des dépêches par nos lignes de paquebots subventionnées semble payé à un prix exorbitant, comparativement au coût des transports identiques confiés aux lignes étrangères, et cela parce que l'on englobe dans les dépenses du service postal l'allocation de véritables primes d'encouragement au pavillon national. »

En résumé, la commission ne s'est pas trop avancée sur le terrain des réformes administratives : elle laisse au ministère des Travaux publics toutes ses attributions ; elle n'enlève au ministère de la Marine que des prérogatives insignifiantes ; elle ne touche pas aux services ressortissant au ministère des Finances; et c'est à peine si, pour les donner au Commerce, elle enlève des attributions sans grande importance à l'Intérieur et aux Postes et Télégraphes. En réalité, elle ajourne la centralisation des rouages de la marine marchande après l'abolition de l'inscription et de la juridiction spéciale maritimes.

Ces conclusions paraîtront tout à fait insuffisantes à ceux qu'intéresse le sort de la marine marchande, et notamment aux commerçants. Ceux-ci n'admettront jamais comme valables les raisons qu'on oppose à une centralisation complète des services administratifs.

On a vu quelles étaient ces raisons.

Voici, par exemple, l'inscription maritime : c'est la loi spéciale du recrutement de la flotte. Elle donne aux inscrits certains avantages sous prétexte que, dans un pays comme la France, qui a 3.000 kilomètres de littoral métropolitain, l'État doit se préoccuper de prendre des mesures pour maintenir dans leur profession maritime les populations de ce littoral, de même que dans une région minière il y a intérêt à maintenir la population dans la profession de mineur. Et donc, pour retenir les habitants du bord de la mer dans le métier de marin, on les a dotés d'un statut spécial, tant au point de vue militaire qu'au point de vue civil. Les avantages que confère l'inscription maritime sont : le monopole de la vente du poisson, un droit de préférence sur les concessions du domaine public sur le littoral, et enfin des pensions. Ils ont une caisse de prévoyance spéciale. Ils ont leurs retraites ouvrières depuis 1709 : pension à cinquante ans d'âge et 300 mois de navigation.

La commission et ceux qui pensent comme elle disent : « On ne pourra enlever les marins à la marine que quand ils ne seront plus inscrits maritimes. » On dit aussi : « On est obligé d'embarquer des inscrits. » Eh bien, les commerçants répondent que la qualité d'inscrit n'empêche nullement le rattachement des inscrits à un autre ministère que celui de la rue Royale. Le recrutement de la flotte est une chose, la marine marchande en est une autre. Le service de l'inscription maritime peut très bien fonctionner sans que l'inscrit soit rattaché de façon permanente au ministère de la Marine. En quoi le fait pour un fonctionnaire du ministère de la Marine de tenir à jour le matricule d'un marin rentré dans la vie civile empêche-t-il ce marin de dépendre du ministère du Commerce ou de tout autre ministère civil comme unité d'un équipage de navire commercial?

Pour ce qui est de « l'obligation » d'embarquer des inscrits, il ne faut pas oublier que l'acte de navigation ne contient aucun texte de ce genre : il suffit que tous les officiers et les trois quarts de l'équipage soient Français. C'est la règle depuis le 27 septembre 1793, et même depuis plus longtemps.

On objecte qu'en 1841 les armateurs anglais supprimèrent l'acte de navigation. C'est vrai : à cette époque, en effet, le développement des mines de Cornouailles ne permettant plus de recruter en Angleterre les équipages nécessaires, il devenait inutile de réglementer la proportion d'Anglais. Mais les armateurs ne se désintéressèrent pas pour cela de la nationalité des équipages : tous les cinq ans ils faisaient le recensement, et en 1902 ils ne furent pas peu surpris en constatant qu'il y avait sur leurs navires 21,678 pour 100 d'étrangers ; et alors ils décidèrent de ne plus embarquer que des étrangers parlant suffisamment l'anglais, si bien qu'au recensement de 1906 la proportion était tombée à 13,25 pour 100.

En France, on a droit à un quart d'étrangers.

Quoi qu'il en soit, aux yeux des commerçants, rien dans l'inscription maritime ne s'oppose à ce qu'on enlève au ministère de la Marine tout ce qui ne concerne pas la défense nationale, et par conséquent les inscrits eux-mêmes, la caisse des invalides, etc.

De même pour la discipline à bord.

Quelle est la composition d'un tribunal maritime commercial ? Un administrateur de la marine, un membre du tribunal de commerce, un maître de port, un capitaine au long cours et un maître d'équipage. Les quatre derniers sont des civils. Le premier a rang d'officier ; mais, en réalité, il est moins militaire qu'un officier de territoriale ou qu'un officier de sapeurs-pompiers. Un officier de territoriale peut aller à la guerre : l'administrateur de la marine, lui, n'y va pas ; il reste à son poste, à Libourne ou ailleurs. Si on lui a accordé le rang d'officier, c'est pour lui donner un uniforme qui impose au marin, lequel vit de traditions, garantie et respect. D'ailleurs les fonctions de recruteur peuvent si bien être remplies par un civil qu'en réalité c'est un civil qui fait le travail. Le syndic fait ce que fait le maire, et l'administrateur de la marine fait ce que fait le commandant de recrutement.

Au surplus on a présenté au Conseil supérieur de la Marine, qui l'a accepté, un projet de réforme du Code disciplinaire et pénal de la marine marchande dû à M. Atthalin, et qui substitue à la juridiction spéciale celle du tribunal correctionnel, celle du droit commun.

Sur ce terrain encore, rien ne s'oppose donc au dessaisissement du ministère de la Marine.

Les inscrits, il est vrai, promettent de résister à ce dessaisissement. D'abord, l'administration de la rue Royale s'est montrée pour eux très paternelle, quelquefois même plus que paternelle. D'autre part ils prétendent que, dans un ministère civil, au Commerce par exemple, le comité des armateurs régnera en maître.

C'est là une opinion gratuite, et ce serait faire injure à l'administration de la rue de Grenelle que de la supposer capable de ne point tenir la balance égale entre les armateurs et les équipages.

Dès lors, si l'on admet — et il faut l'admettre — que la dispersion des services est nuisible à la marine marchande, où centraliser tous ces rouages administratifs ?

Aux Travaux publics ? Certes il y a là une administration de premier ordre, des ingénieurs d'une compétence incontestée. Mais des ingénieurs : non des commerçants, non des administrateurs dans le vrai sens du mot. Et beaucoup penseront qu'à cet égard l'expérience de l'Ouest-État a été suffisamment concluante et édifiante.

Restent le Commerce, le Travail, et aussi l'éventualité d'un ministère ou d'un sous-secrétariat nouveau et spécial. Centralisera-t-on ici, là, ou ailleurs ? Pour nous, quant à présent, la question est secondaire. L'important, c'est d'abord qu'on décide résolument de réunir tous les services de la marine marchande, et de mettre à la tête de cette grande machine un homme qui ait un plan — le plan politique et économique que j'ai exposé dans mon premier article, — et qui ait la ferme volonté de l'appliquer ; un homme qui ait la force et l'autorité nécessaires pour résister aux abus de la politique d'arrondissement et pour agir uniquement du point de vue de l'intérêt général. Il faut une administration homogène, un programme nettement établi et un homme d'action. Après quoi les conflits d'attributions entre les ministères, les rivalités de bureaux, les antagonismes de chefs de service, les jalousies de fonctionnaires, pourront être facilement liquidés : il suffira d'un peu de fermeté (1).

Janvier-février.

(1) En terminant, il m'est agréable de signaler, comme documentation précieuse sur cette question, la *Bibliothèque des Amis de la Marine*, publiée sous la direction de M. MARCEL DUBOIS, et notamment *la Marine marchande et son personnel*, de M. GEORGES MORAEL, armateur. — Librairie orientale et américaine; E. Guilmoto, éditeur, 6, rue de Mézières, Paris.

Une école normale
d'Enseignement technique

UNE ÉCOLE NORMALE
D'ENSEIGNEMENT TECHNIQUE

Dans son projet de budget pour 1912, M. Couyba, ancien ministre du Commerce, avait inscrit une amorce de crédit de 5.000 francs pour la création à Paris d'une École normale d'enseignement technique, approuvée à l'unanimité par le conseil supérieur de cet enseignement, et la Chambre vota ce crédit. Voici maintenant la question posée devant le Sénat, dont la commission du budget s'est prononcée contre le crédit. C'est dire que le principe de la création de l'École normale va être de nouveau discuté, M. Fernand David ayant pris en charge le projet de son prédécesseur.

Le rapporteur du budget du Commerce, M. Touron, ne s'est pas borné à critiquer l'incorporation dans la loi de finances de véritables projets de lois, qui régulièrement, logiquement, devraient être étudiés à part du budget. Il a émis l'avis qu'on ne pouvait sans inconvénient « trancher une controverse qui ne saurait prendre fin qu'après l'étude de l'enseignement technique actuellement pendante devant le Parlement ». Au surplus, il s'est indirectement prononcé contre l'École normale, en disant :

« Si des compétences diverses se prononcent nettement pour la substitution de professeurs ayant acquis des qualités purement pédagogiques, au détriment peut-être de leurs connaissances techniques, à des praticiens formés dans nos écoles industrielles régionales, nombreux sont les bons esprits qui pensent que notre commerce et nos industries n'ont rien à gagner à la création d'une nouvelle pépinière officielle de pédagogues qui ne vaudront jamais au point de vue de l'enseignement manuel et professionnel les techniciens connaissant à fond le matériel de l'industrie régionale dont ils doivent enseigner le maniement. »

Voilà donc le principe de la création de l'École normale d'enseignement technique remis sur le tapis.

La question est assez intéressante pour que l'on passe en revue les arguments des partisans et des adversaires de la réforme.

Quel est le régime présent ? Actuellement trois « sections normales » forment pour le professorat technique les élèves-maîtres : l'une est annexée à l'École des hautes études commerciales (elle comptait 6 élèves en 1907, en 1908 et en 1909, 4 en 1910 et 7 en 1911) ; la seconde est annexée à l'École d'arts et métiers de Châlons (elle comptait 8 élèves en 1907, en 1908, en 1909 et en 1910, et 7 en 1911) ; la troisième est établie à l'École pratique du Havre, et elle a toujours compté 4 élèves femmes.

Quel régime nouveau propose-t-on ? Le groupement de tous ces aspirants au professorat dans une seule école normale installée à Paris. Or, les adversaires de cette création fournissent les arguments suivants :

D'abord, le faible effectif des élèves-maîtres disséminés actuellement dans les sections normales de Paris, de Châlons et du Havre est loin de justifier l'accroissement de dépenses de près de 150.000 francs proposé au Parlement.

Ensuite, qui dit « École normale » dit école-type, devant servir de modèle, de base aux autres. En somme, on veut créer une pédagogie spéciale de l'enseignement technique, on veut dresser un pendant ou une rivale de la maison de la rue d'Ulm, scinder la culture générale des jeunes Français, organiser en face de l'Université une usine jouissant du monopole de la formation des professeurs d'enseignement technique. Et cela est dangereux.

D'ailleurs, le besoin d'une telle création ne se fait nullement sentir : est-ce que les élèves-maîtres ne reçoivent pas l'éducation et l'enseignement nécessaires et suffisants dans les sections de Paris, de Châlons et du Havre?

Au surplus, le ministère du Commerce n'apporte qu'une conception vague, nuageuse. Il ne fait rien connaître de l'organisation et du fonctionnement de cette école unique. Les sections normales existantes végètent, si l'on s'en rapporte à leur effectif. Mais les commerçants et les industriels, qui sont les principaux intéressés dans la question, les préfèrent à la chimérique « Sorbonne » qu'on leur offre.

Et enfin il serait téméraire et périlleux de trancher par une solution définitive une question qui n'est elle-même qu'une partie du problème général de notre enseignement technique posé devant le Parlement. Ce problème doit être étudié dans son ensemble, et non par fractions : autrement on ne réalisera que des réformes disparates et stériles.

Les partisans de l'École normale, et notamment l'administration du ministère du Commerce, ont réponse — bonne ou mauvaise — à tous ces arguments : on invoque, disent-ils, le faible effectif (34, et non 18, comme a dit M. Touron) des sections normales pour démontrer l'inutilité d'une concentration onéreuse à Paris des élèves-maîtres présentement disséminés. C'est à tort. Si les sections normales végètent, c'est qu'elles ne répondent pas comme il faudrait aux besoins du commerce et de l'industrie. Comment soutenir qu'un aspirant au professorat trouvera moins d'objets et de sujets d'études pratiques à Paris, où il y a de tout, que dans telle ville de province où l'on ne rencontre que quelques spécialités ?

Et puis il ne s'agit pas que des aspirants au professorat. Il y a aussi les professeurs des écoles pratiques de commerce et d'industrie. Or, croyez-vous que la lecture des revues et des gazettes — même techniques — suffira à un professeur qui croupit à Carpentras ou à Saint-Jean-d'Angély pour qu'il soit vraiment au courant du progrès et de l'évolution industriels et commerciaux ? S'il est une industrie qui évolue, c'est bien la mode. Eh bien, est-ce qu'un professeur de coupe, est-ce qu'un dessinateur de costumes, définitivement immobilisés au Havre, peuvent suivre les variations de cette mode ? Au contraire, supposez que ce professeur de Carpentras, ce professeur de Saint-Jean-d'Angély, ou cette maîtresse-coupeuse du Havre soient appelés de temps en temps à venir à Paris pendant quelques jours, quelques semaines ou quelques mois, pour se familiariser avec les nouvelles méthodes, avec les nouveaux goûts; qui oserait prétendre que ces stages, périodiques ou non, ne seront pas d'une réelle utilité pour ceux qui les feront ? Et dès lors l'École normale projetée ne serait-elle pas toute désignée pour hospitaliser, et à peu de frais, ces stagiaires intermittents ?

L'Université redoute toujours la concurrence sur le terrain de la culture générale. Pourtant il ne s'agit en l'espèce que d'enseignement technique : un domaine bien modeste à côté de l'autre. Et en tout cas, les écoles pratiques du commerce et de l'industrie existent, nul ne songe à les supprimer ; au contraire. Il faut donc continuer de les pourvoir d'un personnel enseignant. Comment recrutera-t-on ce personnel ? Dans les sections normales ? L'effectif de ces sections montre l'infécondité de cette pépinière : il faut donc trouver autre chose ; d'autant plus que, dans les écoles pratiques, on apprend forcément la technique du commerce et de l'industrie, mais on n'apprend pas nécessairement à enseigner. Or, il s'agit d'apprendre à enseigner des choses théoriques, tout en s'appuyant constamment sur la pratique. C'est une pédagogie que l'Université ne peut enseigner. Par conséquent il faut créer un organisme qui comble cette lacune. Si le terme d' « École normale » porte ombrage au ministère de l'Instruction publique, à son antique et traditionaliste administration, qu'on le supprime. Qu'on appelle comme on voudra l'établissement à créer : cela n'a qu'une importance secondaire. L'essentiel, c'est que l'idée se réalise.

D'autant plus qu'il n'est point question de réserver l'entrée de l'École normale à une catégorie déterminée de diplômés : au contraire, ses portes seraient grand ouvertes à tout venant, de l'Université, des écoles pratiques ou d'ailleurs, pourvu qu'il justifiât du savoir et des aptitudes nécessaires.

On prétend que le ministère du Commerce n'apporte qu'une conception nuageuse. Rien de moins exact. S'il le veut, M. Fernand David pourra produire à la tribune un projet précis, soigneusement étudié, arrêté jusque dans ses moindres détails par le service compétent de son administration. Tout y est : et l'emplacement de l'école projetée, et son aménagement intérieur, et le recrutement de son personnel, et le recrutement de ses élèves, et le programme de son enseignement, et l'organisation des études, et les prévisions budgétaires à 100 francs près. Ce ne sont pas des nuages, ces précisions !

Les adversaires de l'École normale arguent de la pauvreté d'effectifs des sections normales. Ces sections végètent, mais qui peut leur donner de la vie, sinon les principaux intéressés, c'est-à-dire les industriels et les commerçants ? Et qui peut mieux promouvoir les intéressés que le ministre du Commerce qui, lui, est en relation constante avec eux ?

On veut ajourner la question d'une École normale au moment de la discussion générale de la refonte de notre enseignement technique. Pourquoi remettre à demain ce qu'on peut faire aujourd'hui ? D'ailleurs le problème général de l'enseignement technique n'implique aux yeux de personne la disparition des écoles pratiques. C'est donc qu'il faut pourvoir coûte que coûte au recrutement du personnel de ces écoles.

Un ferme partisan de l'École normale du commerce et de l'industrie nous disait hier : « Il faut que le ministère de l'Instruction publique finisse par reconnaître qu'au point de vue de l'enseignement pratique le ministère du Commerce a atteint sa majorité, a par conséquent le droit de s'affranchir de toute tutelle et le devoir de s'émanciper. »

Voilà les deux thèses. Au Sénat de choisir.

Mars-avril 1912.

P.-S. — Le Sénat a donné gain de cause au ministre du Commerce.

Organisation du Crédit

pour le petit Commerce

L'ORGANISATION DU CRÉDIT
POUR
LE PETIT COMMERCE

I

LA SITUATION ACTUELLE

Les petits commerçants et les petits industriels n'ont pas de
crédit. — La dispersion des capitaux français. — Projets
divers. — Le crédit tel qu'il existe actuellement. — Ce qu'il
devrait être.

On voit parfois un petit commerçant ou un petit
industriel brusquement mis en faillite, après de
longues années de travail, faute d'une modique
somme qui lui était nécessaire pour faire face à une
échéance. On en voit d'autres s'épuiser en vains
efforts et végéter, faute de quelques milliers de
francs qui leur permettraient de renouveler leur
matériel, d'améliorer ou d'accroître leur production.
Chacun de ces cas est navrant.

D'une façon générale, on peut dire que, s'ils traversent des passes difficiles, le petit commerce et la petite industrie manquent de crédit pour se sauver; et s'ils prospèrent, ils n'en trouvent pas pour se développer.

Observez le coin de cette rue parisienne : il y a là, formant angle sur une place, une boucherie qui végète. Un débit de vins pourvu d'un bureau de tabac lui est contigu : c'est un fonds de commerce qui vaut une soixantaine de mille francs. La boucherie périclite; le débit prospère. Si le propriétaire du débit pouvait annexer la boutique voisine en indemnisant le boucher et en prenant la suite de son bail de location, la valeur de son établissement serait doublée, et le boucher irait porter ailleurs son étal. Mais voilà : pour réaliser ce projet, il faudrait une trentaine de mille francs. Or, ces trente mille francs, notre débitant les cherche partout et ne les trouve point, si ce n'est chez des prêteurs usuriers ou chez des fournisseurs exigeants. La fortune est à portée de sa main : il ne peut la saisir, faute de crédit.

Eh bien, l'organisation de ce crédit pour le petit commerce et la petite industrie a fait l'objet de nombreux vœux et de demandes pressantes, surtout depuis que la loi a doté les populations rurales du Crédit mutuel agricole et que l'État a affecté à cette œuvre des sommes considérables obtenues à la Banque de France à l'occasion du maintien de son privilège. Pourquoi, a-t-on dit, ne pas organiser pour les uns ce qu'on a créé pour les autres ?

Il y a donc en France des enfants légitimes et des bâtards ?

A la vérité, le problème se pose en des termes moins simples : entre le commerçant ou l'industriel et le cultivateur, il existe des différences notables qui ne permettent pas des systèmes de crédit similaires. Mais le problème n'en est pas moins posé devant l'opinion publique et devant le Parlement.

MM. Jean Dupuy, Joseph Caillaux, Yves Guyot, Siegfried, Deschanel et tant d'autres ont souvent parlé dans le même sens; hier encore le ministre du Commerce, M. Fernand David, disait lui-même que l'organisation du Crédit industriel et commercial constituait une de ses principales préoccupations.

D'aucuns, envisageant la question du plus haut possible, rêvent, par l'institution de ce crédit, de canaliser vers les œuvres nationales une partie des capitaux français qui se dispersent — parfois en pure perte — aux quatre coins du monde. L'un d'eux — M. Georges Chaulet, député des Landes et commerçant, auteur d'une proposition de loi tendant à « établir en France, par la mutualité, le Crédit commercial, industriel et ouvrier » — me disait récemment :

« D'une étude de MM. Henry et Lavergne il ressort que la fortune de la France se répartit ainsi :

	Milliards
Biens fonciers ruraux	66
Biens fonciers urbains	43
Bâtiments agricoles	4
Valeurs mobilières.	72
Meubles meublants	10
Numéraire.	4 5
Livrets de la caisse des retraites	1 1
Cautionnements et fonds en séquestre à la Caisse des dépôts	0 5
Assurances sur la vie	3
Commerce et industrie.	6 5
Capitaux des exploitations agricoles. . . .	8
Officiers ministériels.	1 5
Total	220 1

« Eh bien, la part faite au commerce et à l'industrie en France est véritablement trop minime et il est urgent d'en augmenter l'importance par le développement du crédit.

« En effet, 72 milliards de valeurs mobilières, dont la plus grande partie en valeurs étrangères, représentent un revenu moyen de 3 milliards. Dans le commerce et l'industrie en France, ce capital représenterait un revenu de 7 à 8 milliards, 3 milliards pour l'intérêt, 4 à 5 milliards pour le bénéfice net. Et cela, sans faire entrer en ligne de compte les salaires perçus par nos nationaux, tous les avantages qui en résulteraient pour des citoyens qui sont des contribuables français participant à toutes les charges de la nation.

« Il vaudrait mieux que le chiffre des valeurs mobilières et particulièrement celui des valeurs étrangères, fût moins élevé, et que par contre le capital réservé au commerce national et à l'industrie nationale fût plus considérable.

« C'est dans ce sens qu'il faut diriger à l'avenir l'épargne française. »

Quoi qu'il en soit, ne retenons que la première donnée du problème : le petit commerce et la petite industrie manquent de crédit, pour se développer s'ils sont prospères, pour se sauver s'ils sont en danger. Il s'agit de leur en procurer par un système bancaire à la fois prudent, utile, souple et économique.

On a conçu dans cet ordre d'idées cent projets. Tous, à des degrés divers, contiennent de bonnes choses ; mais tous aussi contiennent des erreurs ou des imperfections qui en rendent l'application impossible ou dangereuse.

Est-ce à dire qu'il faut les rejeter en bloc ? Non, certes. Il faut au contraire les examiner un à un, et mettre à part ce que chacun d'eux présente d'original et d'utile. Grâce à cette sélection on pourra plus facilement camper un système pratique et fécond. C'est évidemment ce qu'a voulu faire la commission extra-parlementaire nommée le 13 mai dernier (1) par M. Caillaux, alors ministre des Finances,

____

(1) Cette commission était ainsi composée : le *ministre des Finances*, président; M. Pallain, gouverneur de la Banque de France; M. Cauwès, doyen de la Faculté de droit; MM. Chapsal, Arthur Fontaine, Alexis Rostand, Lefèvre, Dorizon, Gabelle, Briat, etc.

pour étudier une réforme bancaire en vue d'organiser le crédit au petit commerce et à la petite industrie.

D'une façon générale on peut classer en trois catégories les projets de Crédit commercial et industriel qui ont vu le jour en France au cours de ces dernières années.

Parmi les auteurs de ces projets, les uns préconisent une organisation d'État : une institution où l'État interviendrait à tous les degrés du crédit, depuis la petite banque locale jusqu'à la société régionale et jusqu'à l'établissement central. M. Jean Codet, par exemple, voudrait organiser le crédit urbain sur les mêmes bases que le crédit agricole et le doter, en outre, d'une banque centrale régulatrice à la disposition de laquelle l'État mettrait des fonds importants.

Les autres excluent systématiquement de leurs conceptions toute intervention de l'État. Ils n'entendent utiliser que l'initiative privée et ne demandent aux pouvoirs publics, pour tout potage, qu'une simplification et un assouplissement de la législation.

Entre ces camps extrêmes, une masse d'autres économistes acceptent l'intervention de l'État pour doter l'institution d'un capital prêté sans intérêt et pour en faciliter le contrôle général, mais n'admettent pas l'ingérence de l'État dans l'administration du Crédit.

C'est ainsi, par exemple, que M. Siegfried, soucieux d'organiser le crédit pour le petit commerce, pour la petite industrie, pour notre commerce d'exportation et pour les Français désireux de s'établir à l'étranger, prévoit une banque centrale autonome, fonctionnant sous le contrôle de l'État avec vingt millions obtenus de la Banque de France et remboursables sans intérêts, des organismes financiers secondaires et des sociétés de crédit mutuel disséminées sur le territoire.

M. Chaulet, lui, prévoit à la base des sociétés de caution mutuelle, à l'étage supérieur des caisses régionales, et au sommet une banque centrale constituée avec une avance de cent millions faite à l'État par la Banque de France.

J'en passe, et des meilleurs. Mais il est un projet qui doit retenir particulièrement l'attention : c'est celui de la commission extra-parlementaire dont je parlais plus haut et qui vient de transmettre le résultat de ses travaux au ministre des Finances.

M. Caillaux avait décidé que le programme de ces travaux comporterait, d'une manière générale, trois ordres d'études :

1° Détermination des lacunes de notre organisation bancaire en ce qui touche le petit et le moyen commerce, la petite et la moyenne industrie ;

2° Examen des diverses tentatives de crédit populaire faites tant en France qu'à l'étranger ;

3° Recherche des méthodes utiles pour adapter

l'organisation du crédit agricole à la situation et aux besoins différents du commerce et de l'industrie; étude des voies et moyens propres à en faciliter la réalisation.

Cette commission a terminé ses travaux, et je me propose de les analyser.

———

Logiquement il convient de commencer par les travaux de la première sous-commission, c'est-à-dire par un examen de la situation présente en France.

Le rapporteur, M. Chapsal, directeur au ministère du Commerce, a fait l'exposé le plus méthodique, le plus clair et aussi le plus fidèle de l'étude laborieuse poursuivie sous la présidence de M. Cauwès. Il suffit de le suivre pas à pas.

Toutefois, avant d'examiner notre organisation bancaire, il importe de rappeler certaines notions élémentaires en matière de crédit commercial ou industriel.

Le crédit, qui, en règle générale, est proportionné à la solvabilité vraie ou supposée de celui qui le demande, peut être personnel, réel ou mixte. *Personnel*, il n'est subordonné qu'à l'appréciation de la valeur morale du débiteur, et il est représenté, d'une part par l'escompte des billets, traites, lettres de change; d'autre part par les crédits de campagne, découverts en blanc, commandites, participations. *Réel*, il est consenti, abstraction faite de la personnalité du débiteur; contre-partie ou .représentation de la valeur vénale des marchandises, objets ou choses, les types les plus usuels sont les avances sur titres ou marchandises et le crédit hypothécaire. *Mixte*, il repose à la fois sur des garanties matérielles, comme un dépôt de titres ou d'effets, et sur la personnalité du débiteur; exemple : les comptes courants d'escompte à deux signatures pratiqués par la Banque de France.

Pour la marche de leurs entreprises, commerçants ou industriels ont besoin de capitaux fixes et de capitaux circulants : les premiers représentés par des terrains, des usines, des magasins, de l'outillage; les seconds représentés par des matières premières en voie de transformation ou par des produits fabriqués.

A chacune de ces parties de l'actif d'une entreprise correspondent des crédits de durée variable : pour l'acquisition de terrains, d'immeubles, de fonds de commerce, crédit à très long terme; pour le renouvellement du matériel, de l'outillage, crédit à moyen terme; pour assurer le payement des salaires, pour renouveler des stocks de matières premières, crédit à court terme.

En principe, les besoins de crédit du petit commerce et de la petite industrie sont de même nature que ceux du grand commerce et de la grande industrie, et ils proviennent des mêmes causes :

1° Achat ou location d'immeubles, de machines, d'outillage, avances de loyer;

2º Achat de matières premières, de marchandises, d'objets divers ;

3º Payement des salaires des employés et ouvriers ;

4º Payement des frais généraux, notamment entretien des immeubles et du matériel.

Pour satisfaire aux deux premiers besoins, il faut un capital de premier établissement ; pour satisfaire aux deux derniers, il faut un fonds de roulement. Et voilà les besoins ordinaires.

En outre, il y a les besoins extraordinaires de crédit, qui se manifestent dans les moments difficiles ou lorsque surviennent des éventualités fâcheuses.

Mais, si les besoins du petit commerce et de la petite industrie sont de même nature que ceux du grand commerce et de la grande industrie et proviennent des mêmes causes, ils se présentent dans des conditions très différentes. D'abord, forcé de recruter sa clientèle parmi ceux qui ne peuvent payer comptant, c'est-à-dire parmi les moins bons payeurs, le petit commerçant ne peut guère songer à créer des valeurs en couverture de ses modestes ventes. Ensuite, tandis qu'il peut facilement se renseigner sur la valeur morale d'un gros négociant ou d'un gros industriel, un banquier ne peut guère se renseigner sur celle d'un petit commerçant ou d'un petit industriel : ils sont trop ! En outre, une demande de grand crédit ne donne généralement pas lieu à plus de frais qu'une demande de petit crédit, alors qu'elle apporte des bénéfices bien plus faciles et plus sûrs. Et enfin la disparition d'un grand nombre de petits travailleurs ne pouvant affecter sérieusement le marché financier et commercial, il n'y a pas de solidarité ni d'attache entre ces petits travailleurs et la banque. On peut aussi ajouter que souvent la comptabilité et les connaissances élémentaires en matière économique et financière font défaut chez les boutiquiers et chez les artisans.

Ces principes rudimentaires et ces constatations simples ainsi rappelés, voyons notre organisation bancaire.

Au point de vue de la distribution du crédit, elle repose sur la Banque de France, les Sociétés et établissements de crédit, et les banques locales.

Pour ce qui est de la Banque de France, l'enquête à laquelle le ministère du Commerce a récemment procédé auprès des chambres de commerce a exactement dégagé le rôle qu'elle joue dans notre vie économique. Elle s'efforce maintenant de se rapprocher du moyen et petit commerce, de la moyenne et petite industrie, afin d'étendre le bénéfice des escomptes aux transactions les plus modestes. Gardienne de la circulation monétaire et de l'encaisse métallique, elle s'attache à maintenir le plus possible une fixité dans le taux de l'escompte ; et il n'est pas douteux que cette fixité à un prix inférieur à celui pratiqué à l'étranger constitue pour nos transactions internationales un avantage précieux, car c'est une source d'économie dans l'achat du crédit, économie permettant de compenser en tout ou en partie l'augmentation de nos frais généraux.

Le second élément de notre organisation bancaire est représenté par les grandes sociétés de crédit : Comptoir d'escompte, Crédit lyonnais, Société générale de crédit industriel et commercial, Société marseillaise. Ces sociétés pratiquent couramment les crédits à découvert pour les grands et moyens commerçants et les grands et moyens industriels, souvent sans autres garanties que des garanties personnelles. Mais ce n'est pas seulement en ouvrant aux producteurs des crédits de banque à durée limitée qu'elles aident les transactions commerciales : la concurrence qu'elles se sont faites a permis de réaliser sur l'ensemble des escomptes et réescomptes des millions d'économies annuelles pour la clientèle.

Et à ce propos il importe de remarquer que, si elles ont pu réduire le taux de leur escompte, cela tient à l'abondance des capitaux reçus du public auquel elles payent un intérêt modique, lequel intérêt représente encore un avantage pour les déposants, car beaucoup de ces capitaux seraient restés improductifs. En sorte que, remettant en mouvement ce numéraire inutilisé sous forme d'escomptes, d'avances sur titres ou de reports, elles ont rendu service aux intérêts généraux du pays.

Mais, ayant à déplacer à la fin de chaque mois des sommes considérables (parce que l'ensemble des dépôts est essentiellement mobile), les sociétés de crédit ne commanditent pas d'affaires industrielles exigeant une longue immobilisation de capitaux, et elles ne s'engagent pas dans des prêts industriels à réalisation lointaine. Toutefois elles donnent leur concours aux grandes entreprises pour le placement de leurs actions ou de leurs obligations. Et enfin, en outre du rôle de banques de dépôt, elles jouent également celui de banques de placement.

A côté des sociétés de crédit il ne faut pas omettre de signaler d'autres sociétés pratiquant l'émission ou l'introduction en Bourse de valeurs mobilières et se servant des premières pour l'écoulement des titres : Banque de Paris et des Pays-Bas, Banque de l'Union parisienne, Banque française pour le commerce et l'industrie, etc.; et aussi ce qu'on est convenu d'appeler la « haute banque parisienne ».

En résumé, tous ces établissements ont surtout pour objet de traiter des opérations financières, et ils ne s'occupent guère de distribuer du crédit aux entreprises industrielles ou commerciales moyennes.

Reste le troisième élément de notre organisation bancaire : les banques locales.

Beaucoup de ces banques, dépossédées de leur clientèle par la concurrence des grandes sociétés de crédit, ont disparu. Pourtant il en existe encore près d'un millier, représentant un capital social de plus de 1.500 millions; et ces survivantes se sont syndiquées pour fortifier leur situation. Elles se consacrent surtout aux opérations d'avances et de découverts; mais, pouvant moins bien choisir leurs clients que leurs puissantes rivales, elles pratiquent les plus périlleuses.

———

Connaissant les éléments de notre organisation bancaire, voyons maintenant la distribution du crédit.

En ce qui concerne le *crédit à court terme* (escomptes, avances sur titres ou marchandises), il n'est pas douteux que les grandes et moyennes entreprises trouvent, à des conditions généralement modérées, les capitaux qui leur sont nécessaires. Mais il en est tout autrement pour les petits commerçants et industriels, qui, eux, subissent des conditions onéreuses. Les établissements de crédit exigent, pour accepter leurs valeurs, des signatures qu'il est difficile de se procurer, sinon par des inter- médiaires très chers.

Pour ce qui est du *crédit à long terme*, les grandes affaires en trouvent suffisamment, et à des taux normaux. Mais, pour peu que leur capital s'abaisse au-dessous d'un certain chiffre, l'émission de leurs titres devient difficile. Et quant aux petites entreprises qui gardent la forme individuelle, les sociétés de crédit ne leur prêtent qu'un concours infime. La disparition d'un grand nombre de banques locales, qui pratiquaient volontiers ces opérations, a mis les petits commerçants et industriels en état d'infériorité marquée par rapport aux grandes organisations rivales.

A la vérité, depuis une vingtaine d'années, on a voulu organiser ce crédit pour les petits : on a fondé des banques populaires qui complètent le fonds de roulement des maisons naissantes, aident les petits artisans à s'établir, consentent des avances sur factures, lesquelles deviennent ainsi une sorte de papier de commerce. Malheureusement ces créations sont demeurées isolées. Elles ne se propagent pas rapidement. Pourquoi? Cela tient, d'après des hommes compétents, au défaut d'initiative des milieux urbains, au manque de techniciens qui se chargent de la direction, à la complexité des formalités de constitution de sociétés, et à l'élévation des frais et charges fiscales.

On a cherché, d'autre part, à encourager la production ouvrière par la création d'associations coopératives. Mais, là encore, l'action est restée limitée et le profit est bien restreint. Il faut faciliter le crédit.

Et M. Chapsal de conclure :

« Si notre organisation bancaire actuelle est puissamment outillée pour effectuer les opérations internationales qui nous assurent une si utile influence dans le monde et pour satisfaire aux besoins de crédit de la grande industrie et du haut négoce, il n'en est plus tout à fait de même lorsqu'on examine la distribution du crédit pour les autres entreprises.

Alors apparaissent des défectuosités qui peuvent être ainsi formulées :

« 1° Insuffisauce d'organisation dans la distribution du crédit à long terme aux moyennes et petites entreprises, notamment en ce qui touche l'émission et le placement des valeurs industrielles ;

« 2° Absence presque complète d'organisation dans la distribution du crédit personnel aux petits producteurs. »

Voilà les lacunes et les défectuosités du régime actuel. Nous verrons dans un prochain article comment la commission propose de combler ces lacunes et de corriger ces défectuosités.

UN PROJET D'ORGANISATION BANCAIRE

Le rapport de M. Rostand. — Crédit à long et à court terme.
— Étatistes, copistes du crédit agricole, coopératistes. —
Un établissement central, des établissements secondaires.
— Capital initial.

Le rapport rédigé par M. Chapsal, au nom de la
première sous-commission de la réforme bancaire, a
révélé les lacunes de l'organisation financière
actuelle en ce qui concerne le crédit au petit commerce et à la petite industrie nationale.

Je les rappelle pour mémoire :

« 1° Insuffisance d'organisation dans la distribution
du crédit à long terme aux moyennes et petites
entreprises, notamment en ce qui touche l'émission
et le placement des valeurs industrielles;

« 2° Absence presque complète d'organisation dans
la distribution du crédit personnel aux petits producteurs. »

Eh bien, la troisième sous-commission a conçu un

système pour combler ces lacunes, c'est-à-dire :
1° pour faciliter aux petits commerçants le crédit
personnel; 2° pour procurer à la petite et à la
moyenne industrie le crédit à long terme (de plusieurs années) dont elles peuvent avoir besoin.

Quel travail a été nécessaire pour mettre sur
pied un projet pratique : c'est ce que M. Alexis Rostand a expliqué dans un rapport substantiel et parfaitement ordonné.

Consciencieusement, les commissaires ont dé-
pouillé la masse des propositions qui leur étaient
parvenues. Et ils ont remarqué que, d'une manière
générale, toutes ces propositions, tous ces systèmes
révélaient l'une ou l'autre de ces trois préoccupations différentes : solliciter l'intervention directe et
continue de l'État; copier l'organisation du crédit
agricole ; autoriser des organismes constitués à
quatre échelons à susciter la formation de coopératives pour l'achat et la vente de marchandises
nécessaires à la vie et à l'entretien. Mais ils ont
voulu s'affranchir autant que possible de chacune
de ces préoccupations.

Aux « étatistes », ils ont répondu : « Tout en
reconnaissant qu'un concours de l'État est nécessaire, en raison de la mentalité ambiante qui réclame
son patronage pour s'intéresser à des entreprises
comme celles dont il s'agit, nous croyons très dési-
rable de ne le solliciter que dans une mesure laissant
plus de place à l'initiative privée et moins de prise
à la responsabilité de l'État. »

Aux « copistes » du crédit agricole, ils ont dit :
« Des dissemblances essentielles existant entre le crédit commercial ou industriel et le crédit agricole, on ne peut que partiellement, et sous certaines réserves, utiliser pour l'un les procédés en faveur de l'autre. »

Aux « coopératistes », enfin, ils ont répondu : « A notre avis, des concours trop largement donnés à des coopératives de consommation nuiraient à ce petit commerce qu'on cherche à encourager. Il va de soi, par exemple, que si, dans un centre industriel très restreint, on fondait des coopératives pour l'achat de vêtements, de linge, de chaussures ou de mobilier, les marchands de confections, de blanc, de souliers et de meubles n'y pourraient plus vivre. »

Ayant ainsi déblayé le terrain, la commission a abordé le problème de front. Elle avait reconnu dans notre organisation financière deux lacunes : l'une pour le petit commerce, l'autre pour la petite et moyenne industrie. Estimant que ces deux lacunes, étant de natures différentes, devraient être comblées par des moyens différents, elle a scindé la question.

Crédit à court terme pour les petits commerçants.

C'est du crédit essentiellement personnel.

Actuellement, qu'est-ce qu'on reproche à notre législation financière? D'être trop compliquée et trop onéreuse. Eh bien, la commission prétend obvier

à ces deux inconvénients en disant aux intéressés :
« Vous pourrez constituer des « banques populaires » en bénéficiant de la législation spéciale du
crédit agricole. Mais à une condition : c'est que
vous inscrirez dans vos statuts certaines clauses de
garantie. Vous ne devez pas être des sociétés financières, mais simplement des banques populaires. Si
vous acceptez ces clauses de garantie, vous aurez
votre part dans l'avance de 20 millions de francs
qui vous sera faite par le gouvernement, grâce à la
somme équivalente à verser au Trésor par la Banque de France en vertu de la convention du
11 novembre 1911. »

Qui fixera la répartition des 20 millions entre les
banques populaires? Le gouvernement? Des sociétés
financières? Ni l'un, ni les autres : un organisme
mixte, l' « Office central des banques populaires ».

Mais cela ne suffirait pas. Pour avoir du crédit,
il faut offrir des garanties. Or, le plus souvent, le
petit commerçant n'a ni garanties mobilières, ni
garanties hypothécaires : il ne peut offrir que sa
signature. Alors intervient ce qu'on pourrait appeler
la cellule embryonnaire de l'organisme à créer : la
« société de caution mutuelle », groupement d'intérêts et de mutuelle confiance qui ouvrira au marchand et à l'artisan l'accès de l'escompte et du crédit.
Petits négociants, petits artisans, qui se connaissent
et s'apprécient, s'unissent en une société qui donnera à chacun d'eux, lorsqu'il en aura besoin, la
caution de son endos, de son aval collectif. La signa-

ture du groupe garantira la signature de l'adhérent.

Voilà donc le système : à la base, la « société de caution mutuelle », qui endosse ou avalise le papier de ses membres ; au-dessus, les « banques populaires », constituées facilement et avec les 20 millions de la Banque de France, qui prêtent l'argent ; et au sommet, l' « Office central », qui fixe la répartition des 20 millions entre les banques populaires.

Le projet de la commission précise le rôle de chacun de ces rouages.

Pour ce qui est des sociétés de caution mutuelle, elles bénéficieraient, comme je l'ai dit plus haut, de toutes les dispositions législatives régissant le crédit agricole ; et leur capital serait formé par la souscription de parts.

Les banques populaires pourraient être constituées par sept souscripteurs au moins, et à leur constitution pourraient également concourir les sociétés de secours mutuels, les sociétés coopératives de production, des associations fondées par des petits industriels ou des artisans, des petits commerçants ou détaillants sous le régime de la loi de 1901, les syndicats professionnels, les sociétés de caution mutuelle et les caisses d'épargne.

Elles ne pourraient faire d'opérations qu'avec les petits industriels ou artisans, les petits commerçants ou détaillants, ou avec les associations ouvrières de production, pour l'exercice normal de leur industrie, de leur commerce ou de leur métier. Et elles devraient insérer dans leurs statuts deux clauses : 1° déterminant le montant maximum des escomptes et avances pouvant être consentis à chaque client, proportionnellement aux ressources de la banque ; 2° limitant la durée des avances et l'échéance des effets admis à l'escompte. Moyennant ces clauses, les banques populaires bénéficieraient, elles aussi, des dispositions législatives régissant le crédit agricole.

L'Office central des banques populaires, chargé d'attribuer les 20 millions de la Banque de France aux banques populaires, constituerait un établissement public doté de la personnalité civile, composé de vingt membres pris dans le corps des fonctionnaires, dans les chambres de commerce, dans les banques et sociétés de crédit, dans les associations ouvrières de production, les conseils supérieurs de la mutualité et des caisses d'épargne, les délégués des banques populaires. Il examinerait les demandes d'avances introduites par les banques populaires, statuerait sur leur opportunité et leur montant, et contrôlerait l'emploi de leurs prêts.

Crédit à long terme pour la petite et moyenne industrie (durée : un an au moins, vingt-cinq ans au plus).

Ici le problème se complique : il s'agit d'immobiliser longtemps des capitaux. D'où la nécessité de créer un établissement central : un organisme faisant un gros appel au crédit, en regard du crédit qu'il dispenserait en détail, et pour longtemps.

D'aucuns auraient voulu copier le Crédit foncier. Mais l'évaluation de la propriété foncière est facile, et cette propriété constitue un gage assuré pour de longues années. Tandis que, pour l'industrie, il en est tout autrement. Écoutez ce que dit à ce sujet M. Alexis Rostand :

« Toute industrie, si prospère soit-elle, peut être subitement bouleversée et même paralysée par l'invention inattendue de procédés inconnus jusque-là et appelés à chasser de la circulation le produit fabriqué. Les exemples de surprises de ce genre sont fréquents (tannerie, matières colorantes, etc.).

« Elle peut aussi être atteinte par la découverte d'engins ou de machines modifiant complètement les conditions d'exploitation d'une entreprise, par la hausse subite des matières premières, par la dépréciation inattendue de stocks en magasin, par le renchérissement forcé de la main-d'œuvre, par les grèves, etc...

« En second lieu, si les grandes sociétés industrielles par actions, telles que les compagnies de gaz, de tramways, de métallurgie, de mines, etc., ont des chances, pour bien des raisons, de mettre le plus souvent la main, par une intelligente sélection, sur des directeurs habiles et expérimentés, il n'en va pas de même de la moyenne et petite industrie dont il s'agit uniquement ici.

« Celle-là est essentiellement personnelle. Tout y dépend de la valeur professionnelle et morale de celui qui la gère et qui, fatalement, doit disparaître.

« Il faut insister sur ce point capital. Le déclin de beaucoup d'entreprises secondaires est dû à la mort de leur créateur ou continuateur, qui souvent eut l'idée d'un procédé nouveau, et qui, en tout cas, dut le succès à son intelligence des affaires, à son âpreté au travail, à son inlassable activité. Et voilà qu'à cet homme de caractère et d'action succèdent, dans l'ordre naturel, des incapables et des indifférents.

« Pour tout dire, il y a antinomie entre l'idée du crédit personnel et celle du crédit de 5 à 20 ans.

« La garantie principale des obligations que devrait émettre le « crédit pour l'industrie » en France, et qui serait constituée par des avances à long terme ou des obligations industrielles, serait donc d'une appréciation infiniment plus délicate, moins certaine et d'une valeur pouvant plus facilement s'altérer au cours de sa durée, que le gage hypothécaire sur lequel s'appuient les obligations du Crédit foncier. »

D'autre part, il faut être prudent ; le lendemain du jour où le « crédit pour l'industrie » serait constitué en France, tous les industriels en situation chancelante, tous les banquiers porteurs de valeurs médiocres, plus ou moins puissamment patronnés, iraient assiéger ses guichets. Résisterait-il à cette poussée ?

Et puis, les banques auxiliaires placées immédiatement au-dessous de cet organisme central ne seraient-elles pas dominées par des influences locales ? Trouverait-on pour les gérer des directeurs assez fermes, assez indépendants pour s'opposer sans faiblir à des pressions politiques ou autres ?

En présence de tels aléas, la commission a eu des préoccupations de trois ordres :

« 1° Les garanties à exiger et les modalités de contrôle dont il convient d'entourer les prêts, enfin les conditions auxquelles il importe de les subordonner, afin de suppléer, dans toute la mesure possible, à ce qu'a d'imparfait la sécurité qu'ils présentent ;

« 2° L'expérience professionnelle à rechercher chez les administrateurs et directeurs, et l'indépendance à leur assurer, faute de quoi les plus grands mécomptes seraient inévitables ;

« 3° Les précautions à prendre afin d'éviter de faire courir à l'épargne, dont il sera nécessaire de demander le concours, des risques excessifs. »

Sur le premier point, elle recommande d'exiger des gages et des cautions sérieuses, des surveillances, et même des pénalités pour le cas où l'emprunteur aurait compromis son capital.

Sur le second point, elle demande que le conseil d'administration soit choisi « parmi les actionnaires, qui, ayant fourni les fonds, auraient droit et intérêt à ne les engager qu'à bon escient ». Des censeurs seraient nommés par le gouvernement, qui aurait ainsi des « yeux » sur l'affaire.

Sur le troisième point, elle estime que le public, « peu enclin à placer son argent dans l'industrie, ne devrait pas être incité à souscrire les actions originaires de la nouvelle société, mais seulement celles d'une augmentation de capital, au cas où l'expérience aurait démontré le fonctionnement régulier et prospère de la société ».

Et en somme, la commission propose d'asseoir, au début, la société sur un capital-actions de 5 millions pour lequel on ferait appel aux établissements de crédit, aux banques, aux chambres de commerce, aux groupements industriels. Après quoi, on émettrait des obligations avec le maximum de sécurité possible.

Enfin, au-dessous de cet établissement central se multiplieraient des banques auxiliaires, locales ou régionales, destinées à devenir « des lignes d'intérêt local affluant à la grande ligne » et dont la sujétion aux influences ambiantes serait beaucoup atténuée par l'indépendance de l'organisme central.

Ainsi apparaît le système du crédit à long terme : au sommet, établissement central, indépendant, assis sur un capital-actions et un capital-obligations. Au-dessous, banques auxiliaires.

Entrons avec la commission dans les détails de ces deux rouages moteurs.

D'abord, l'établissement central : société anonyme régie par la loi de 1867, comportant un fonds social et des obligations industrielles.

Le fonds social — 5 millions au début — serait divisé en actions de 500 francs, pour lesquelles un droit de préférence serait accordé, par une innovation, aux établissements de crédit, banques, groupements professionnels. Et le gouvernement serait représenté au conseil d'administration.

Le fonds obligations industrielles ne pourrait pas excéder le quintuple du capital-actions. De sorte que la première année, le capital total pourrait atteindre, en millions de francs :

Capital-actions, 5 + Capital-obligations, 5 × 5 = 30

Le jour où le capital-actions serait porté à 20 millions, on aurait :

Cap.-actions, 20 + Cap.-obligations, 20 × 5 = 120.

Mais comment placer ces obligations industrielles?

Pour faciliter leur placement, le gouvernement serait autorisé à prélever et à remettre gratuitement à l'établissement central la moitié des redevances versées annuellement au Trésor par la Banque de France et affectées au crédit agricole. Au début, en 1897, ces redevances atteignaient à peine 2 millions. Maintenant elles s'élèvent à 6 millions. On peut donc en distraire 3 millions pour l'industrie et le commerce, puisque cet argent est procuré par les effets passant par la Banque de France.

Placé en rentes sur l'État, ce fonds de garantie produirait de l'intérêt. Cet intérêt — unique don d'argent fait à l'établissement central — lui serait acquis et employé à la constitution d'un fonds de réserve spécial destiné, concurremment avec le fonds social, à la garantie du service des annuités des obligations.

Enfin, sur les bénéfices réalisés, il serait prélevé annuellement, après déduction des sommes nécessaires pour servir 4 pour 100 d'intérêt aux actions :

1° 60 pour 100 des sommes restantes, lesquels serviraient à rembourser les prélèvements qui auraient été opérés sur le fonds de réserve de garantie ;

2° S'il n'y a pas lieu à remboursement de prélèvements sur le fonds de réserve de garantie, 25 pour 100 des sommes restantes, lesquels serviraient à accroître le fonds de réserve de garantie.

Voilà pour l'établissement central.

Mais cet établissement ne serait pas en contact avec les industriels ou les négociants. Aussi la commission a-t-elle prévu, au-dessous de lui, des banques auxiliaires créées sous l'empire du droit commun, avec un capital-actions et des obligations industrielles ou des parts commanditaires.

A ces banques, en échange de conditions diverses, on concéderait des avantages. On ne leur fournirait pas de subsides ; mais on exempterait leurs actions et leurs obligations de l'impôt du timbre, de l'impôt de transmission, et aussi de l'impôt sur le revenu des valeurs mobilières dans la proportion où elles justifieraient l'avoir déjà payé pour les actions ou obligations qu'elles auraient souscrites, etc.

Et maintenant, rien de plus facile que de voir comment fonctionnerait l'ensemble du système.

Voici une société électrique qui se fonde au capital de 300.000 francs :

Actions.	100.000
Obligations.	200.000

200.000 francs d'obligations : c'est un marché bien restreint. Actuellement cela n'aurait pas de cours. Avec le système de la commission, que ferait notre société électrique?

Au lieu d'émettre des obligations, elle irait les porter dans une banque auxiliaire. Celle-ci lui en donnerait des siennes propres et garderait les premières en gage. (Ici apparaît l'utilité de l'avantage consistant à ne pas payer deux fois l'impôt.) Et puis, cette banque auxiliaire pourrait à son tour aller porter ses obligations à l'établissement central, lequel a une faculté encore plus grande d'émission; l'établissement central mettrait dans son portefeuille les obligations de la banque auxiliaire, et lui donnerait en échange des siennes propres.

C'est comme au jeu du « furet » chez les enfants. Chaque fois qu'on reçoit le furet — en l'espèce, des obligations — on donne un gage. Ce gage croît en valeur, en passant de main en main; et c'est le dernier qui paye. Ici, le dernier, c'est l'établissement central.

Telle est l'économie générale du projet rapporté par M. Rostand.

On pourrait l'élargir ou le restreindre. M. Chapsal, par exemple, étudie la question du crédit « sur factures » pour le petit commerce. D'autres trouveront le projet trop téméraire.

La parole est aux financiers...

Avril 1912.

La Hausse du blé

LA HAUSSE DU BLÉ

I

CHEZ LE PRODUCTEUR

Un voyage en Beauce. — Reste-t-il du blé à la campagne? — Les paysans et le droit de 7 francs. — Conversation avec des ruraux. — Un industriel de province qui parle sagement.

Cloyes, 24 avril.

Le cours du blé, qui suit en France depuis six mois une progression continue, vient d'atteindre et de dépasser le chiffre de 30 francs les 100 kilos.

On n'avait pas vu ce cours depuis 1898; et encore celui de 1898 fut-il une exception dans la période des trente dernières années. En effe,, si l'on consulte le tableau dressé par le syndicat général à la Bourse du Commerce de Paris, indiquant le prix moyen du blé de première qualité par mois (cours du mercredi, marché libre, les 100 kilos nets), on constate que, de 1877 à 1882, ce prix atteignit couramment 30, 31, 32, 33 et même 34 francs, mais que, à partir de 1883, il baissa et ne se releva qu'une fois jusqu'à 30 francs. Si, pour chaque année, on ne retient que le plus fort de ces cours moyens mensuels, on obtient le tableau suivant :

1877..	33 19	1886..	22 »	1895..	18 84	1904..	23 62
1878..	33 56	1887..	25 31	1896..	19 40	1905..	24 55
1879..	33 50	1888..	25 90	1897..	29 95	1906..	23 56
1880..	32 94	1889..	24 84	1898..	30 68	1907..	27 37
1881..	32 19	1890..	27 57	1899..	21 75	1908..	23 21
1882..	32 87	1891..	29 68	1900..	20 23	1909..	26 40
1883..	25 69	1892..	25 09	1901..	22 06	1910..	27 93
1884..	24 62	1893..	21 62	1902..	23 82	1911..	28 06
1885..	22 50	1894 .	20 97	1903..	24 68	1912..	» »

En somme, mise à part la hausse de 1898, qui provoqua la levée des droits de douane, il y a trente ans que le blé n'avait pas été aussi cher qu'à l'heure présente, et l'on peut se demander si, avec la viande chère, le vin cher, les œufs, le lait, le beurre chers, les légumes chers, nous allons voir encore le pain cher.

Le consommateur s'étonne d'autant plus de cette hausse que la dernière récolte en blé ne fut pas mauvaise. Chaque année, à l'époque de la moisson, en outre des estimations faites par des industriels ou des commerçants pour leur édification et leur compte personnels, il est procédé à trois enquêtes générales sur le quantum et la qualité de notre production nationale en froment : d'un côté par deux journaux spéciaux, d'un autre côté par le ministère de l'Agriculture. Or, tandis que d'habitude ces trois enquêtes donnaient des résultats assez différents, elles ont fourni, à la fin de l'été de 1911, des chiffres à peu près concordants : entre 85 et 90 millions de quintaux.

Il s'ensuit qu'au début de la campagne actuelle, on considérait la récolte française comme légèrement déficitaire : la moindre importation devait suffire à combler la lacune, puisqu'on évalue notre consommation à 94 millions de quintaux.

Dès lors le consommateur se pose naturellement cette question :

— Comment le cours du blé peut-il atteindre un niveau si élevé, alors que le blé ne fait presque pas défaut ? Une cause inconnue modifie donc le libre jeu de la concurrence et fausse à mon détriment la loi de l'offre et de la demande ?

Le ministre de l'Agriculture, M. Pams, qui suit très attentivement les fluctuations du cours, s'est posé la même question. Et il a prescrit à son administration de procéder à une sérieuse contre-enquête pour déterminer l'importance du stock de blé restant en France à l'heure actuelle, tant par le fait de la récolte locale que par le fait des importations de blé étranger.

Or, cette contre-enquête, dont le *Temps* a publié récemment les résultats, aurait révélé que, non seulement il restait suffisamment de blé pour la consommation jusqu'à la moisson (7 millions de quintaux), mais encore qu'il serait possible de reporter

5 millions de quintaux sur la campagne prochaine.

Ainsi nous aurions du pain sur la planche.

Soit. Mais où est ce blé ? S'il reste chez les agriculteurs, c'est que ceux-ci, escomptant une hausse encore plus grande des cours, attendent pour le porter au marché et réaliser des bénéfices plus importants le point culminant de cette hausse. S'il n'est plus chez les agriculteurs, c'est qu'il a été acheté par des meuniers ou des commerçants qui le retiennent. Ces commerçants ont naturellement vendu par avance leur blé transformé en farine. Mais ces ventes à livrer, faites il y a déjà plusieurs mois, ont été conclues par eux à des cours sensiblement inférieurs aux cours actuels, de telle sorte qu'ils ont le plus grand intérêt à la baisse, parce que leurs marchés leur deviennent très onéreux. En continuant à réserver leur blé en magasin, ils espèrent amener le gouvernement à abaisser le droit d'entrée de 7 francs. Ce qu'ils perdraient sur la valeur de leur stock serait largement compensé par ce qu'ils gagneraient sur leurs engagements à livrer.

Troisième et dernière hypothèse : les journaux spéciaux et le ministère de l'Agriculture se sont trompés dans leurs évaluations ; la dernière récolte était beaucoup plus déficitaire qu'on ne l'a cru, et il ne reste plus ou presque plus de blé en France.

De toutes façons, le point d'interrogation subsiste. Avons-nous encore du blé ? Et si oui, où se cache-t-il ?

____

Depuis quelques jours je parcours la Beauce, notre principal grenier national.

Ce matin, vers dix heures, nous avons fait escale dans une auberge située en face d'une petite gare. Quatre consommateurs s'y trouvaient réunis dans l'attente commune d'un train omnibus : deux fermiers, un marchand de grains et un soldat du train des équipages. Si je note ce guerrier, c'est parce qu'à un moment donné il a incarné avec quelque bon sens l'élément qui manquait : le consommateur de pain qui n'est ni producteur ni marchand de blé.

Comme mon guide connaissait les deux fermiers, nous nous sommes attablés avec le quatuor, les formalités de présentation ayant été réduites au minimum absolu, c'est-à-dire à zéro. Et une conversation générale s'est engagée.

On a préludé par quelques constatations de fait sur l'état présent de la végétation. Tout le monde a convenu qu'il y avait du plant; et l'opportunité d'une pluie bienfaisante a rallié tous les suffrages.

Mais ensuite on a parlé des cours, et le ton de l'entretien s'est sensiblement modifié. Cela a commencé par un échange d'injures solides entre les cultivateurs et le marchand, qui s'accusaient réciproquement de gagner beaucoup trop d'argent.

— Si le blé est cher, déclaraient les premiers, c'est qu'il n'y en a *pouën*. Vous pouvez faire le tour des fermes beauceronnes; il n'en reste plus un grain. Il est parti chez les accapareurs, qui font monter les cours comme ils veulent, avec l'appui des journaux, qui trompent tout le monde.

Mais le marchand protestait. Dans la matinée, il avait vu « pour sa part » plus de dix meules de blé intactes. Il savait parfaitement que M. X... et M. Y... n'avaient pas encore vendu les deux tiers de leur récolte :

— Vous retenez la marchandise, vous autres cultivateurs ; vous ne l'apportez que par petits paquets, parce que vous savez que le gouvernement ne lèvera pas les droits de douane avant les élections municipales.

— Lever les droits de douane ! Ah ! malheur de malheur ! Il ne manquerait plus que ça... et après deux années mauvaises... Mais ce serait la révolution dans le pays !

— Qu'est-ce que ça peut vous faire, puisque vous n'avez plus de blé ?

— Ouais, et celui qui entrerait en masse, venant de l'étranger, vous croyez qu'il ne pèserait pas longtemps sur les cours ?

La conversation se prolongea ainsi, le marchand reprochant aux fermiers de garder leur blé, les fermiers s'en prenant aux accapareurs.

Comme l'heure du départ allait sonner, quelqu'un prit à témoin le soldat du train des équipages de la justesse de sa thèse. Mais le militaire déclara sous une forme un peu parabolique :

— Que ce soit la culture qui retienne le blé ou le commerce qui le cache, je m'en moque. Mais si le

pain augmente, tous ceux qui en mangent montre-
ront les dents, et alors, s'il tombe de la grêle, ce
sera autant sur les granges que sur les magasins.

Il dit, vida son verre, et sans s'inquiéter du payement des consommations, partit en courant vers la
gare pour prendre un billet quart de place.

— Il n'y a plus de grain chez le cultivateur!

Voilà le refrain que j'ai entendu dans toutes les
fermes, dans tous les villages.

— D'abord, m'a expliqué un gros fermier qui
passe dans la région pour un homme de bon sens et
de mesure, la récolte a été beaucoup plus déficitaire
qu'on ne dit. Le battage nous a donné des mécomptes.
Le rendement en farine a été superbe, mais il n'a
pas compensé — tant s'en faut — le déficit en grain.
La récolte de 1910 avait été franchement mauvaise,
à cause des pluies, à telle enseigne qu'un de mes
amis, obtenant huit cents sacs dans une année
moyenne, n'en a obtenu que soixante. Celle de 1911
a été médiocre. Ici, le cultivateur ne bat pas son
grain immédiatement après la moisson — j'entends
le gros ou le moyen cultivateur; — il commence par
écouler le produit de ses cultures de second plan :
avoine, trèfle, etc. Le premier battage a lieu au lendemain de la Toussaint. Et le blé est vendu si l'on
a besoin d'argent.

Ensuite le battage continue, par intermittences,
suivant les loisirs que laissent les travaux des

champs. Si au début de l'hiver, par exemple, il survient de fortes gelées, on démolit une meule, ou deux, ou trois, et l'on met la machine en route. Entre temps, chaque semaine, le cultivateur, muni d'un sachet contenant un échantillon de son grain, va au marché offrir son produit et tâter l'acheteur, commerçant ou meunier. Peu à peu son blé s'écoule. Mais le producteur, au moins dans les bonnes années, règle cet écoulement de manière à garder pour la fin un quart ou un cinquième de sa récolte, en prévision des hausses qui marquent fréquemment le terme de la campagne. Cette année ce reliquat n'a pas été conservé, car la récolte était déficitaire et nous avions besoin d'argent après la campagne précédente qui avait été mauvaise ».

Remarquez que le Beauceron ne se plaint pas trop : il reconnaît qu'il a réalisé de jolis bénéfices durant une période de dix années. Mais, depuis 1910, il a perdu.

Autre son de cloche chez les commerçants et les meuniers :

— D'abord, affirme-t-on dans ce camp, les cultivateurs ont bel et bien du blé en réserve. Au cours de vos pérégrinations dans la contrée, vous avez certainement vu des meules encore intactes. Et puis d'où vient le grain qu'on vend chaque semaine sur nos marchés, si ce n'est des fermes? Tenez, samedi dernier, au marché de Chartres, un meunier de la région en a acheté 700 quintaux et aurait pu en acheter davantage, car plus d'un paysan avait apporté les échantillons de lots de 150 sacs.

Est-ce à dire qu'il reste dans les fermes un stock important? Les meuniers, les commerçants eux-mêmes ne le pensent pas. L'un deux, qui jouit d'une belle réputation et d'une grande notoriété dans la Beauce, m'a dit textuellement :

« Certaines raisons, certaines circonstances font que le cultivateur a été démuni plus tôt que d'habitude.

« En premier lieu, on s'est aperçu, à la fin de décembre 1910 et au début de janvier 1911, que les mulots et les inondations avaient détruit une partie de la récolte en germe. Alors, au lieu de réensemencer en blé les champs contaminés, on les a réensemencés en orge ou en toute autre denrée. D'où un déficit à la récolte en blé; de sorte que le rendement à l'hectare a pu être magnifique, encore que le rendement général ait été plus faible, les statistiques n'ayant pas tenu compte de cette diminution de la superficie plantée en blé.

« En second lieu, la campagne a commencé plus tôt : d'habitude, on ne prend sur la récolte que dans les premiers jours d'août; en 1911, on a pris dès le début de juillet; de sorte que, si la récolte de 1912 est cueillie à l'époque normale, celle de 1911 aura dû nous alimenter pendant treize mois au lieu de douze.

« En troisième lieu, le Midi, qui ne récolte guère de blé que dans la Vaucluse et la région montpelliéraine, a besoin de farine pour fabriquer un pain spécial, le « pain d'Aix », et des pâtes. D'habitude, pour ce faire, il mélange du blé français avec certains blés russes. Cette année, la récolte russe ayant été peu abondante, le Midi est venu acheter dans le Loiret et en Beauce, offrant même à nos producteurs une petite prime pour les décider à vendre. Et grâce au tarif 102, qui leur permet de transporter le blé de Chartres à Nice à raison de 1 fr. 90 le quintal, alors que le transport Chartres-Paris coûte 6 francs la tonne, ils ont pu rafler une bonne part de notre production.

« D'autres raisons, il est vrai, font que le stock restant peut avoir une certaine importance.

« Ainsi il est établi que, par les temps secs et froids, on mange plus de pain que par les temps humides et tièdes. Or, cette année, nous n'avons pas eu beaucoup de jours secs et froids. La consommation a donc diminué.

« En outre nous avons récolté un blé très sec. A la fabrication, au lieu de perdre du degré hygrométrique, il a pris de l'humidité, et le rendement en farine a dépassé de 2 pour 100 celui d'une année normale.

« Quoi qu'il en soit, tout compte fait, je crois qu'il reste encore à la culture un stock suffisant pour boucler la campagne, c'est-à-dire pour aller jusqu'à la moisson prochaine. Et si des blés algériens, qui bénéficient de la franchise douanière, nous arrivaient en juin, la situation ne serait pas inquiétante.

« Maintenant, la hausse continue : c'est incontestable. Que faire ? C'est au gouvernement qu'il appartient de répondre. Seulement je constate un fait : les cours à l'étranger montent rapidement ; et cela se comprend, car si le gouvernement français levait les droits de douane, ce serait à l'improviste ; en une heure, tout serait fait, et avant qu'on eût le temps d'élever les cours à Londres, tout serait raflé sur le marché anglais. Alors, que voulez-vous ? L'étranger prend d'ores et déjà ses précautions. »

Aujourd'hui j'ai voulu simplement résumer les impressions qu'on recueille dans une région productrice. Dans une prochaine lettre, nous examinerons le mécanisme du marché des blés. Débarrassée de tous les accessoires, la question est moins compliquée qu'on ne croit ; et je suis convaincu qu'avec un peu d'attention, tous nos lecteurs pourront se faire une opinion raisonnable sur la situation.

II

LE MARCHÉ RÉGLEMENTE
LA « FILIÈRE »

Le mécanisme du marché à terme. — L'utilité de ce marché.
— Comment on achète et comment on vend. — La réalisa-
tion des contrats. — Les étranglements de fin de mois. —
Les opérations courantes.

Des mains du producteur, le blé passe aux mains
des commerçants et des meuniers. Il se rend au
marché libre ou au marché réglementé.

Le marché libre fonctionne un peu partout : à
Chartres, à Châteaudun, à Soissons, à Melun, à
Crépy-en-Valois... et à Paris. Les opérations s'y
pratiquent dans des conditions variables à l'infini :
X... vend à Y... suivant des conventions verbales ou
écrites, simplement arrêtées entre eux.

Le marché réglementé, ou marché à livrer, fonctionne à la Bourse du commerce de Paris. Il est
réservé aux membres du Syndicat du commerce des

blé, seigle et avoine, et aux maisons dont l'adhésion a été agréée par la chambre syndicale. On y fait les opérations dans des conditions prévues par un règlement précis.

Pour comprendre l'utilité du marché à livrer, il suffit de se reporter au temps où il n'existait en France que le marché libre. Comment les choses se passaient-elles alors?

Durand vendait du blé à Dupont, qui le revendait à Duval, qui le revendait à Dufour, qui le revendait à Dumont..., et ainsi de suite. Parfois même ce blé, après avoir été négocié dix fois, revenait au premier vendeur, Dupont. De sorte qu'au moment de la livraison, celui à qui la marchandise échéait en dernière analyse ne savait à qui s'adresser pour entrer en possession. Il écrivait à Dumont, lequel se retournait vers Dufour, lequel se retournait vers Duval... Les choses n'en finissaient plus. Il y avait là, en somme, ce qu'on appelle une « filière » à l'état naturel, mais non effective.

La fonction crée l'organe ; on songea à instituer un marché qui reposât sur deux principes : 1° établissement d'une « filière » effective, suivant des règles déterminées ; 2° fixation de la base de la marchandise, c'est-à-dire d'un étalon de blé possédant certaines caractéristiques en poids et en qualité.

Le blé doit être de qualité *saine, loyale et marchande*. Par exemple, un hectolitre doit peser au moins 77 kilos, avec *réfaction*, c'est-à-dire que, s'il pèse moins, il y a lieu à compensation en argent. S'il pèse entre 76 et 77 kilos, le vendeur verse à l'acheteur une bonification de 0 fr. 50 pour 100; entre 75 et 76 kilos, il verse 0 fr. 50 pour 100 par 250 grammes manquants.

Une première utilité de ce marché réglementé apparaît immédiatement : quand on fait une opération, on sait où l'on va. Auparavant, un meunier de la Beauce qui vendait au mois de juin de la farine à livrer au mois de septembre, et qui cherchait aussitôt à acheter le blé nécessaire pour fabriquer cette farine, ne trouvait pas toujours dans sa région assez de grain ; d'où des embarras plus ou moins sérieux. Aujourd'hui, au contraire, le même meunier est toujours sûr de trouver le blé dont il a besoin au marché réglementé, où toutes les offres et toutes les demandes en couverture et en arbitrage viennent se centraliser : en outre, il sait de quelle qualité sera son blé, et il n'aura, par conséquent, à redouter aucun mécompte au sujet de la farine qu'il s'est engagé à livrer.

Une autre utilité du marché réglementé apparaît dans les années où, la récolte française étant déficitaire, il faut s'adresser à l'étranger. Voici un négociant qui achète au prix de 23 francs 30.000 quintaux de blé américain. Cette cargaison ne lui parviendra que dans trois ou quatre mois. En attendant, que fera-t-il? S'il n'existe que le marché libre, neuf fois sur dix il lui sera impossible de vendre tout ce blé à la consommation en même temps qu'il l'a acheté ; il lui faudra huit, quinze, vingt, soixante jours pour le placer.

Or, pour réaliser un bénéfice certain, il doit revendre sa marchandise plus cher qu'il ne l'a payée. Mais comme il ne sait pas quels cours seront pratiqués lorsqu'il aura réussi à placer son blé, il se trouvera dans l'obligation de spéculer.

Avec le marché à terme il en va tout autrement. Notre négociant établit son compte :

```
Prix d'achat . . . . . . . . . . . . . .   23
Droit de douane . . . . . . . . . . . .    7
                                          ──
                                          30
```

Il sait donc qu'en vendant immédiatement 30 fr. 50, par exemple, il réalisera un bénéfice de 0 fr. 50 par 100 kilogrammes. Eh bien, il vend immédiatement à terme. Le marché réglementé lui a donc permis de ne point spéculer.

Ce n'est pas tout. Dans une année déficitaire, un commerçant disposant d'un capital petit ou moyen, 200.000 francs par exemple, sera en mesure de faire de l'importation, puisqu'il a la possibilité de s'arbitrer avec le marché à livrer. Tandis que, si ce marché à livrer n'existait pas, ce petit ou moyen commerçant serait paralysé par les maisons disposant de gros capitaux, lesquelles, par des achats colossaux, monopoliseraient en quelque sorte le blé étranger ; et ce serait l'accaparement qu'on voyait fréquemment autrefois. Aujourd'hui le marché réglementé permet à tout le monde d'importer sur une plus ou moins grande échelle.

Ceci dit, examinons le mécanisme des opérations courantes sur ce marché réglementé.

Imaginons une affaire conclue entre deux personnes : V (vendeur) a vendu à A (acheteur) une certaine quantité de blé livrable en juillet. L'échéance arrive. A partir du 1er juillet, A doit se tenir à la disposition de V pour prendre livraison. V, lui, peut choisir son jour : il a du 1er au 31 juillet. S'il lui plaît de choisir le 2, le 9 ou le 30, A doit se présenter le 2, le 9 ou le 30, prendre la marchandise et payer.

Si A, pour une raison quelconque, a décidé de ne pas garder la marchandise, il a pu la revendre à une autre personne, B. Mais il doit toujours se libérer vis-à-vis du vendeur V, soit en prenant le blé et en le payant, soit en lui disant : « J'ai revendu à B ; je vous donne un transfert sur lui. » Dans le second cas, B se trouve substitué à A à l'égard du vendeur V. Toutefois, comme la vente de V à A n'a pas dû être faite au même prix que celle de A à B, il y a lieu à « soulte » ; mais la différence payée, B se trouve désormais seul en présence de V. Et l'histoire recommence, B, pouvant vendre à C, C à D, et ainsi de suite. Les endosseurs se succèdent comme sur une lettre de change. Et l'on voit que ces opérations en blé ont la même réalité que les opérations en banque, car le blé sur lequel on manœuvre existe bien, et j'expliquerai tout à l'heure où et dans quelles conditions.

Revenons maintenant à notre marché initial : V a vendu à A du blé livrable en juillet. Mais on arrive à la fin du mois sans que V ait mis la marchandise à la disposition de l'acheteur. Celui-ci réclame son blé ;

mais le premier ne l'a pas : il l'a vendu, par exemple, à *découvert*. Qu'arrive-t-il?

A a le droit d'exiger le blé. Le vendeur devra par conséquent en chercher; si les détenteurs de grain sont rares, il offrira coûte que coûte des prix de plus en plus élevés pour remplir ses engagements envers A. D'où une hausse des cours : hausse momentanée d'ailleurs, qui affecte le mois de juillet et peut fort bien ne pas affecter le mois d'août. C'est ce qu'on appelle l'*étranglement de fin de mois* : V est étranglé.

Exemple : à la fin de janvier dernier, le blé cotait 29 fr. 95 ; dans les premiers jours de février, il ne cotait plus que 27. Or rien ne s'était passé dans l'intervalle qui motivât cette baisse. Qu'était-il arrivé? Quelques maisons avaient été « étranglées ».

Cette pratique a soulevé de vifs commentaires. Les uns disaient : « Cette hausse et cette baisse factices des cours sont scandaleuses. » Les autres : « Celui qui a vendu à *découvert* et n'a pu tenir ses engagements est un « coquin ». Le scandale contre lequel on crie est le juste châtiment du coquin. »

Le Syndicat du commerce a voulu néanmoins en finir avec ces « scandales »; et c'est pourquoi on a inséré l'article 72 dans le règlement du marché. Maintenant, quand V est dans l'impossibilité de livrer à la fin du mois le blé qu'il a vendu, A considère *ipso facto* le marché comme résilié à son profit et au cours de la dernière cote du dernier jour fixé pour la livraison. S'il a besoin de la marchandise, il la fait acheter aux risques et périls de V.

Y a-t-il contestation sur la résiliation entre V et A ? Dans ce cas la chambre syndicale fixe le cours de compensation en prenant le prix du blé qui se trouve le jour même disponible en gare de Paris et en le majorant des frais de mise en entrepôt ou de transport au moulin (40 centimes par 100 kilos) et d'une pénalité de 10 pour 100.

Au marché libre, en pareil cas, A ne peut qu'assigner V devant le tribunal de commerce en résiliation de contrat et payement de dommages-intérêts (1, 2, 3 francs par quintal) : toute une procédure à laquelle le marché réglementé a coupé court en fixant d'avance la pénalité.

On saisit le sens et la portée de cette pénalité. On dit aux gens : « Vous pouvez vendre par paquets une marchandise que vous n'avez pas et que vous n'aurez peut-être jamais ; mais si la perspective d'une grosse différence à payer ne vous effraye pas, du moins votre conduite sera châtiée. »

En outre, il importe d'observer que le coupable est seul puni. En effet, à la fin de janvier, quand, par le fait de vendeurs défaillants, le blé cotait anormalement 29,95, il est clair que ce prix n'était pas un prix marchand, mais un prix de résiliation, fixé d'avance, et librement consenti par les vendeurs imprévoyants. La hausse n'a affecté que ces derniers. Et la preuve, c'est que ce jour de liquidation, le cours du blé disponible en gare de Paris baissait.

Considérant l'obligation banale d'une vente de blé faite à terme (juillet) par V à A, j'ai dit que V pouvait choisir à son gré le jour de la livraison. Pour comprendre ce qui se passe à ce moment-là, il est indispensable de savoir ce qu'est une « filière ».

Une filière c'est un papier portant : d'une part les caractéristiques du blé vendu ; d'autre part des formules d'endossement que rempliront les acheteurs successifs.

La formule du blé est ainsi conçue :
250 quintaux (blé)
N°   Paris, le
        M
Je tiens à votre disposition deux cent cinquante quintaux blé déposés aux Magasins généraux
sous le n° d'entrée   Couche n°
contre payement du prix convenu.

Cette livraison vous est faite conformément au règlement du syndicat du Commerce du blé de Paris.

Date de l'entrée	Expertise du
Poids reconnu k°ˢ	Poids naturel
Magasin n°	Provenance
Étage Travée	Déchet 0/0

Filière arrêtée le
Par M
sur lecture de M
à francs.

                       Le liquidateur

C'est, en somme, l'acte d'état civil de la marchandise, un état signalétique qui permet de la reconnaître, de l'identifier.

Quant aux formules d'endos, elles sont simples :

Livraison du

Bon à livrer à M

à francs

Bon à livrer à M

A mesure que le blé est vendu par V à A, par A à B, par B à C..., A, B, C... endossent la filière.

Quant au blé, il a été dès l'abord entreposé dans les Magasins généraux agréés où on le conserve dans les meilleures conditions possibles, dans une case et en une couche d'épaisseur déterminée.

Nous voici au jour de la livraison : le dernier acheteur de la filière *arrête* le blé. Les Magasins généraux sont avisés, et le preneur reçoit le blé, qui a pu passer de V à A, de A à B, etc., mais sans que le prix initial de la marchandise soit modifié par ces transmissions successives : les endosseurs ont pu perdre ou gagner ; mais celui qui prend livraison ne paye que le prix convenu à l'origine.

Au marché réglementé, trois sortes d'opérations sont pratiquées couramment :

1° Deux personnes passent un marché pour leur compte personnel. C'est une affaire entre négociants ;

2° Un intermédiaire se place vis-à-vis de son client comme sa contre-partie directe. C'est le contrat direct ;

3° Un intermédiaire — courtier proprement dit, cette fois — exécute sur place un ordre qu'il a reçu d'un tiers. C'est le contrat pour compte ; c'est le mandat dans toute l'acception du mot.

Un exemple permettra de mieux comprendre la différence entre le contrat direct et le contrat pour compte.

Un agriculteur veut vendre une partie de sa récolte, à livrer au mois d'octobre. Il téléphone à un intermédiaire : « Je suis vendeur de 2.000 quintaux à 26 francs. Prenez-les à vos risques et périls. Je vous offre une bonification de 25 centimes par 100 kilos. » Si l'intermédiaire accepte, il y a contrat direct.

Si, au contraire, l'agriculteur téléphone : « Vendez pour mon compte 2.000 quintaux dans telles conditions », il y a contrat pour compte.

Une loi votée en février dernier a stipulé que désormais il ne pourrait être fait de contrats directs qu'avec les professionnels : les non-professionnels ne pourront traiter des affaires au marché réglementé que par l'intermédiaire de courtiers ou de commissionnaires ayant accès sur ce marché et qui agiront comme de véritables mandataires.

Cette mesure a été bien accueillie à la Bourse de Commerce, parce qu'elle a mis fin au trafic de deux ou trois maisons qui, en marge du syndicat, se faisaient une spécialité d'affaires de contre-partie plus ou moins correctes, donnant lieu à des procès et jetant un certain discrédit sur l'ensemble du marché.

Et maintenant que nous connaissons le mécanisme, nous pourrons entrer à la Bourse de Commerce.

III

A LA BOURSE DU COMMERCE

Comment s'établit la cote. — Un rite consacré. — La notation
commerciale. — Les « 4 de mai » et les « 4 de septembre ».
— Courtiers et commissionnaires. — Physionomie du
marché.

Le marché réglementé se tient tous les jours
ouvrables à la Bourse de Commerce, édifiée par
l'architecte Blondel sur l'emplacement de l'ancienne
halle aux blés et formant façade en retrait sur la rue
du Louvre.

Il est une heure. Pénétrons dans le hall dominé
de 35 mètres de hauteur par la coupole de fer et
environné d'une bâtisse circulaire à deux étages où
s'emboîtent des bureaux de syndicats commerciaux,
de télégraphe et de téléphone, d'agences de transports... : cellules d'une ruche bourdonnante, où
d'innombrables abeilles circulent, portant le miel
des affaires. La rotonde présente peu d'animation ;

les clients sont rares, comme au Forum avant l'arrivée des notables. Pourtant une cérémonie importante est célébrée ; on établit *la cote d'une heure.*

Les prêtres participant à ce rite suivant une liturgie sacrée se sont assis, côte à côte, sur une banquette circulaire. Ce sont tous les intermédiaires qui recueillent les ordres lancés de Paris, de la province et de l'étranger : commissionnaires, mandataires, tous les professionnels attitrés du marché. Ces officiants ne sont point coiffés de tiares ou de mîtres, ni affublés de chasubles brodées : ils sont vêtus sans façon de vestons ou de jaquettes et arborent des « melons » démocratiques et même de frivoles « canotiers ».

Un homme monte à la tribune : des rostres sans prétention, un pupitre exhaussé devant une chaise couverte d'un épais rond de cuir. C'est un scribe honoré des fonctions de « président de cote ». Il appelle les « époques », en allant du mois présent vers un avenir de plus en plus lointain ; en d'autres termes, il appelle les mois fixés comme date de livraison pour les ventes de blé et énonce le cours de clôture de la veille pour chacune de ces dates. Il commence :

— Blé courant, 30 fr. 50.

Comme si on n'attendait que ce signal, tout le monde se met à rugir.

— A 30 fr. 75, je donne ! clame un jeune gentleman en jaquette noire.

Aussitôt un vieillard à barbe grise se lève, fait

trois pas rapides, et menaçant le gentleman d'un geste, relève le défi :

— A 30 fr. 50, je vous prends!

Après quoi il se rassied et allume une cigarette — le calumet de la paix — d'un geste tranquille.

Mais les cris redoublent. On se jette des chiffres à la tête, toujours en se menaçant du doigt ou de la pointe du crayon finement taillé :

— A 31 francs je donne!

— A 30 fr. 50 je prends!

Après deux ou trois minutes d'invectives, le cénacle finit par demeurer silencieux. Le « président de la cote » proclame les prix faits ou tenus : 31 fr. 50, 32 francs. Puis il ajoute :

— Blé prochain, 29 fr. 75!

Et la dispute recommence.

Que s'est-il passé? Quelque chose de très simple. Quand le président de cote a crié : « Blé courant, 30 fr. 50! », cela signifiait : « Messieurs, le blé livrable jusqu'à la fin du mois courant a été vendu hier au soir 30 fr. 50 les 100 kilos. Je vous le rappelle pour mémoire. Là-dessus, discutez à votre aise. »

Quand quelqu'un a dit : « A 30 fr. 75 je donne! » cela signifiait : « J'ai du blé à vendre, livrable avant la fin du mois; mais j'en veux 30 fr. 75 le quintal. Si vous en désirez, je suis à votre disposition. » Et un autre a répondu : « à 30 fr. 50 je prends », c'est-à-dire : « Votre prix de 30 fr. 75 est trop élevé. J'ai ordre de mes clients d'acheter à raison de 30 fr. 50. »

De tous côtés des chiffres sont lancés. Parfois des adversaires tombent d'accord :

— A 31 francs !
— A 31 francs je vous prends 1.000 quintaux !
— Entendu !

Peu à peu l'écart entre vendeurs et acheteurs diminue. Un prix se précise : c'est la cote. Et demain, quand vous lirez dans les bulletins commerciaux des gazettes que « le blé courant a coté 31 francs à une heure », vous saurez que cela veut dire : à l'ouverture du marché, on vendait du blé livrable avant la fin du mois à raison de 31 francs les 100 kilos.

Après le « courant » on passe au « prochain », c'est-à-dire au blé qui sera livré dans le courant du mois prochain, et ainsi de suite jusqu'aux « quatre derniers », c'est-à-dire au blé qui sera livré dans le courant des quatre derniers mois de l'année.

Voici la cote établie *coram populo*, suivant le libre jeu de la loi de l'offre et de la demande.

Cette formalité rituelle accomplie, toute la bande se disperse comme une volée de moineaux ; et dans le vaste hall, où vendeurs et acheteurs commencent d'affluer, des affaires s'ébauchent et se traitent sur les bases qui viennent d'être ainsi posées.

Plus tard, dans l'après-midi, on établira une nouvelle cote : *la cote de 3 heures.* Après quoi, les tractations reprendront et se poursuivront jusqu'à quatre heures, à l'arrivée des cours des marchés étrangers, et même jusqu'à cinq heures.

Pour comprendre la notation commerciale, il est en outre indispensable de connaître certains usages de la Bourse, et notamment ceux qui concernent les « époques ». Prenons un mois de l'année : avril, par exemple. Durant ce mois, on peut vendre :

1° Du *courant*, c'est-à-dire du blé livrable jusqu'au 1er mai ;

2° Du *prochain*, c'est-à-dire du blé livrable du 1er mai au 1er juin exclusivement ;

3° Du *mai-juin*, c'est-à-dire du blé livrable moitié dans le courant de mai, moitié dans le courant de juin ;

4° Du *4 de mai*, c'est-à-dire du blé livrable à raison d'un quart dans le courant de mai, un quart dans le courant de juin, un quart dans le courant de juillet et un quart dans le courant d'août ;

5° Du *juillet-août*, c'est-à-dire du blé livrable moitié en juillet, moitié en août ;

6° Des *4 derniers*, c'est-à-dire du blé livrable par quarts dans les quatre derniers mois de l'année.

De sorte que si, demain, vous lisez, dans le Bulletin commercial du *Temps : Blé, juillet-août, 27 20,* vous traduirez ainsi : « Hier, à la Bourse de commerce, on vendait, à raison de 27 fr. 20 les 100 kilos, du blé livrable par moitié en juillet et en août. »

Voici, d'ailleurs, la nomenclature des douze mois de l'année, avec pour chacun les époques de livraison :

En janvier. — Courant, février, mars-avril, 4 de mars, 4 de mai.

En février. — Courant, mars, mars-avril, 4 de mars, 4 de mai.

En mars. — Courant, avril, mai-juin, 4 de mai, juillet-août.

En avril. — Courant, mai, mai-juin, 4 de mai, juillet août, 4 derniers.

En mai. — Courant, juin, juillet-août, 4 derniers.

En juin. — Courant, juillet, juillet-août, 4 derniers.

En juillet. — Courant, août, septembre-octobre, 4 derniers, 4 de novembre.

En août. — Courant, septembre, septembre-octobre, 4 derniers, 4 de novembre.

En septembre. — Courant, octobre, novembre-décembre, 4 de novembre, 4 premiers.

En octobre. — Courant, novembre, novembre-décembre, 4 de novembre, 4 premiers.

En novembre. — Courant, décembre, janvier-février, 4 premiers, 4 de mars.

En décembre. — Courant, janvier, janvier-février, 4 premiers, 4 de mars.

Maintenant, promenons-nous dans le hall de la Bourse. Il est deux heures et demie; le marché bat son plein. Gros agriculteurs, marchands de grains, meuniers, commissionnaires, courtiers se coudoient, vont et viennent autour de la « corbeille centrale ».

C'est un grouillement continu, un brouhaha intense.

La cote est commentée. Hier lundi, par exemple, il y eut un peu d'affolement : le blé courant, qui avait clôturé samedi soir à 30,70, était monté d'emblée à 31,50, 31,75, et même 32 francs, sur la foi des notes officielles affirmant que le gouvernement n'entendait pas toucher aux droits de douane. Sur soixante commissionnaires, quarante avaient reçu de tous les points de la province des ordres d'achat lancés par des minotiers obligés de se couvrir en blé de la farine vendue à terme. La demande dépassait manifestement l'offre : c'était la hausse, carrément.

On disait bien : « Cet afflux de demandes va faire sortir des vendeurs. Les cours vont se tasser. La cote de trois heures remettra les choses au point. » Mais tous ceux qui disaient cela ne le pensaient pas. Il flottait comme une inquiétude sur cette foule...

Il faut dire aussi que la culture est actuellement en bonne position devant le commerce et l'industrie. Les cours sont fermes ; la prochaine récolte promet d'être bonne ; et l'on assure que le gouvernement ne proposera aucune modification des droits de douane.

Dès lors, que fait le gros cultivateur, en l'occurrence ? Prévoyant une belle moisson, il *assure* la vente de sa prochaine récolte : il en offre, par exemple, à 25 fr. 75, livrable aux 4 *de septembre*, c'est-à-dire par quarts en septembre, octobre, novembre et décembre.

Pour le petit cultivateur il n'en est pas tout à fait

de même. Celui-là ne se déplace pas : il n'a pas en perspective une récolte de 1.000, 2.000, 3.000 quintaux, mais une récolte de 200, 300, 400 quintaux. Il est sollicité par un marchand de sa région qui, voyant le cours du blé livrable à partir de septembre à 25 francs, offre de lui acheter tout ou partie de sa récolte à 24 fr. 20, car le marchand entend prélever son bénéfice, d'autant plus qu'il est obligé de grouper tous les petits producteurs pour former un lot.

Au marché réglementé, le commissionnaire perçoit sur ses opérations 0 fr. 20 par 100 kilos. Le courtier, lui, ne perçoit que 0 fr. 10.

Pourquoi le commissionnaire perçoit-il davantage ? Parce que, ne faisant pas connaître à l'acheteur le nom du vendeur ni au vendeur le nom de l'acheteur, il exécute les ordres à lui donnés par l'un et par l'autre sous sa responsabilité personnelle. Si Dupont lui a donné mandat d'acheter 1.000 quintaux de blé, et si Durand lui a donné mandat d'en vendre autant, il avise chacun d'eux que l'opération a été faite, mais sans citer la contre-partie. Et le vendeur paye la commission de « ducroire ».

Au contraire, le courtier met en rapport la partie et la contre-partie : Durand, qu'il sait vouloir vendre, et Dupont, qu'il sait vouloir acheter. Mais il peut arriver qu'il ne trouve pas d'acheteur pour le vendeur ; dans ce cas, il conseille à ce dernier de vendre son blé au marché réglementé, et si le vendeur accepte, il passe l'ordre de vente à un commissionnaire, qui perçoit une commission et lui ristourne le quart de cette commission.

Ceci dit, prenons un marché : celui d'hier, par exemple. Quelles sont les principales opérations qui y ont été traitées ?

D'abord, des offres de marchandise à 25 fr. 80 faites par de gros cultivateurs qui, comme jo l'ai expliqué plus haut, veulent s'assurer la vente de leur prochaine récolte en vendant tout ou partie de cette récolte à livrer dans les quatre derniers mois de l'année.

Ensuite, des demandes de négociants qui avaient vendu du blé livrable en avril et à qui il ne restait plus que 24 heures pour s'exécuter. Ceux-là avaient besoin d'acheter à n'importe quel prix pour tenir leurs engagements : ils étaient acculés par leur imprudence.

Enfin des demandes pressantes de meuniers de tous les points de la France qui, ayant attendu jusqu'à la dernière minute pour acheter que le gouvernement se prononçât sur la question des droits de douane, étaient forcés de se couvrir coûte que coûte.

D'où la hausse que nous avons enregistrée.

Comme je l'ai expliqué, toutes les affaires traitées au marché réglementé se terminent — sauf pénalité — par la prise de livraison d'une certaine quantité de blé. L'unité de vente admise par les usages commerciaux étant le lot de 250 quintaux, il s'ensuit que chaque livraison comporte 250 ou un multiple de 250 quintaux.

______

Mais où est ce blé ?

Dans les entrepôts agréés par l'État comme magasins généraux. Quant à la filière, c'est la représentation effective de la marchandise.

En pratique, les choses se passent de la manière suivante :

Le vendeur V a vendu à l'acheteur A 250 quintaux de blé livrables au mois de mai. Le blé ainsi vendu est aussitôt entreposé : on le dispose en une couche d'épaisseur déterminée dans une case numérotée. Et l'on établit sa filière, qui accuse le poids du lot, son emplacement, la date de sa mise en entrepôt et ses caractéristiques reconnues par une expertise préalable.

Dès lors, le lot a un état civil, il est identifié ; la filière constitue son extrait de naissance.

A partir de ce moment, la filière circule d'un endosseur à l'autre, de A à B, de B à C, de C à D... Au cours de ces mutations successives, le prix du lot s'élève ou s'abaisse ; il y a des perdants et des gagnants. Mais le jour de la livraison arrive fatalement ; et ce jour-là, celui qui doit prendre la marchandise paye le prix initial de vente de V au premier acheteur A.

Le meunier à qui le lot échoit en dernière analyse regarde si le blé est conforme aux caractéristiques notées lors de l'établissement de la filière et aux échantillons prélevés au moment de l'expertise préalable. S'il est convaincu du bon état de la marchandise, il paye et prend livraison. S'il y a doute, il demande l'expertise de *conservation* : des experts qualifiés examinent des échantillons prélevés dans le tas, suivant certaines règles, et leur décision est sans appel.

Et voilà, dans ses grandes lignes, le mécanisme du commerce des blés.

Nous allons voir maintenant l'influence du régime douanier sur ce commerce.

IV

LA LÉGISLATION DOUANIÈRE
LES INFLUENCES SUR LE PRIX DU BLÉ

Sous l'ancien régime. — Le blé entre, mais ne sort pas. — Le régime de l'Échelle mobile. — Ses résultats. — Le second Empire et le libre-échange. — La troisième République et la Protection. — Un droit fixe qui varie souvent.

Bien que certains économistes aient soutenu le contraire, il existe une relation certaine entre le prix du blé et le prix du pain : les variations du premier peuvent ne pas avoir une répercussion immédiate sur le second, surtout dans les villes; mais tôt ou tard le contre-coup se fait sentir.

Or, le prix du blé est lui-même fonction du régime douanier auquel cette denrée de première nécessité est soumise. Donc, il n'est pas contestable que ce régime douanier intéresse à la fois le producteur, le commerçant et l'industriel intermédiaires, et le consommateur, et que son étude a sa place marquée dans notre enquête.

D'abord, avant toute discussion, il me paraît indispensable de passer devant les lecteurs du *Temps* une revue rapide des transformations subies par notre législation douanière, parce qu'elle leur permettra de comparer les résultats des différents systèmes employés.

L'ancien régime semble avoir eu plus cure d'assurer l'alimentation publique que de favoriser le producteur : jusqu'au dix-neuvième siècle en effet, la loi accorde la liberté à l'entrée des blés étrangers en France, mais interdit la sortie des blés nationaux ; en outre, une réglementation étroitement restrictive du commerce intérieur a pour but unique l'approvisionnement facile des marchés urbains, et principalement du marché de Paris.

C'est le système « pourvoyeur », qui s'explique naturellement : d'abord par le souci qu'a le seigneur de constituer des réserves contre la famine au château, centre de la vie du fief et abri des habitants en temps de guerre ; ensuite par le souci qu'a le roi de prévenir les mouvements hostiles de la population de Paris, et plus tard, quand son autorité s'exerce sur la France entière, d'étendre sa sollicitude aux grandes cités.

———

A ce régime particulariste, qui sacrifiait les intérêts des agriculteurs en les exposant dans les années déficitaires à la concurrence étrangère libre, et en les empêchant dans les années d'abondance d'exporter le trop-plein, succéda le régime protecteur de *l'échelle mobile.* On sait ce que le terme signifie. On cherche à maintenir un prix moyen du blé suffisamment rémunérateur pour la culture et assez bas pour que le consommateur puisse se procurer le pain à bon compte ; et, pour ce faire, on adopte un droit mobile qui suit automatiquement les variations de la denrée, qui s'abaisse et se relève de lui-même par le simple jeu d'un tarif fixé d'avance, de manière à protéger notre agriculture contre les blés étrangers si les prix baissent, ou à les laisser entrer si la récolte nationale a été insuffisante.

Mais ce n'est pas tout : si l'importation de blé étranger est dangereuse dans les années d'abondance, l'exportation en temps de cherté ne l'est pas moins ; et si les cours tendent à s'avilir en France, l'exportation sait dégager le marché et rendre à la culture un prix rémunérateur. D'où la nécessité de compléter le droit gradué à l'importation par un droit gradué à l'exportation, nul ou infime si le blé français est en excédant, croissant avec le prix et devenant prohibitif si, à la suite d'une récolte déficitaire, les cours montent à un certain niveau.

Seulement, comme les grains n'ont pas une valeur uniforme dans tout le territoire, on partage la France en un certain nombre de zones, de manière à grouper les marchés où les prix sont à peu près les mêmes ; et à chaque zone on applique un droit gradué (à l'importation et à l'exportation) calculé d'après les prix moyens de la zone.

Tel est le principe du droit variable ou échelle mobile, basé sur le désir de protéger à la fois l'agriculture contre les bas cours et le consommateur contre les hauts cours.

En fait, de la fin du premier Empire jusqu'en 1861, c'est-à-dire pendant une période de près de cinquante ans, le système du droit gradué, malgré des transformations multiples, ne donna pas les résultats qu'on attendait.

La loi de 1814 avait maintenu la liberté d'importation de l'ancien régime, mais elle avait autorisé l'exportation tant que le prix du blé n'atteignait pas respectivement 23, 21 et 19 francs l'hectolitre dans les trois zones délimitées. Mais la récolte déficitaire de 1817 et l'importation de blé provenant de la Russie méridionale et des bords du Danube ayant fait tomber les cours à 15, 14 et 13 francs, on innova par la loi de 1819 le droit protecteur à l'importation avec échelle mobile. Ce droit comprenait :

— 1° Un droit fixe de 1 fr. 25;

— 2° Un droit de 1 franc quand le blé français était coté 23, 21 et 19 francs dans les zones, avec une adjonction de 1 franc chaque fois que le prix y diminuait de 1 franc. Au-dessous de 20, 18 et 16 francs pour le blé indigène, l'importation était prohibée.

On avait voulu par cette loi maintenir la moyenne du prix du blé en France entre 19 et 20 francs, et surtout le rendre à peu près stable. Mais la nature déjoua les calculs du législateur. Avec des récoltes abondantes, le cours tomba de 18 à 16 et à 15 francs. On eut beau accentuer la protection : rien n'y fit.

En 1832, on établit définitivement le système de l'échelle mobile : quand les prix s'élevaient, on augmentait les droits de sortie et on abaissait les droits d'entrée ; quand les prix s'avilissaient, on poussait à l'exportation en réduisant les droits de sortie et on arrêtait l'importation par leur augmentation à l'entrée.

Les résultats furent déplorables : le blé dégringola de 16 à 14 francs, et l'on paya le pain cher dans les années de disette. Si bien qu'une réaction libre-échangiste se produisit et que l'échelle mobile fut abolie.

A partir de 1861 les blés ne furent plus frappés que d'un droit de statistique (0 fr. 50) à l'importation, et l'exportation des produits de la mouture était rendue libre. On alla même plus loin : non content d'effacer avec les droits variables les incertitudes qui en étaient la conséquence, on voulut faire disparaître cette autre incertitude résultant de la latitude précédemment laissée au gouvernement de suspendre ou de réduire les droits par des mesures provisoires en cas d'urgence.

Qu'augurait-on du nouveau régime? Les libre-échangistes espéraient avant tout le blé à bon marché, et les protectionnistes prévoyaient par contre l'abandon par les ruraux de la culture du blé, l'abaissement des salaires, la disette. Or, les événements démentirent toutes ces prophéties : d'un côté, le blé monta d'abord jusqu'à 24 fr. 60, et malgré une suite de bonnes récoltes, la moyenne fut de 21 fr. 44 pour la période de 1860 à 1869; d'autre part, la culture ne fut pas abandonnée, les salaires ne s'abaissèrent pas et la famine ne sévit pas.

Pourtant le parti agricole réclamait le rétablissement de l'échelle mobile; et la lutte se poursuivait entre libre-échangistes et protectionnistes, les effets de la surproduction et la prospérité commerciale faisant pencher la balance tantôt à droite, tantôt à gauche. Mais le libre-échange devait succomber avec le second Empire : dès son arrivée au pouvoir, M. Thiers s'avoua protectionniste.

Il est vrai qu'une circonstance nouvelle fournissait des armes au parti agricole : c'était le spectre de plus en plus menaçant de la concurrence américaine. Aux plaintes des agriculteurs, encore ignorants de la culture intensive, se mêlaient celles de la meunerie, atteinte par l'importation que les Américains avaient plus d'intérêt à faire sous forme de farine que sous forme de blé (cette importation était passée de 1.500.000 barils en 1877 à 4.200.000 en 1879). La meunerie française, bien outillée, n'avait donc de raison d'être que pour moudre les 100 millions d'hectolitres de blé français. Dans ces conditions, les avantages du libre-échange devenaient à ses yeux bien secondaires.

Ainsi un courant se précisait en faveur d'un retour à la protection.

Ce retour fut inauguré par la loi du 28 mars 1885, qui institua un droit fixe de 3 francs sur les céréales étrangères quel que soit le cours du blé français. Nous entrions dans la période de la protection par *droits fixes*, qui dure encore.

D'ailleurs, on ne tarda pas à rétablir pour le gouvernement le droit de suspendre, en l'absence du Parlement, tout ou partie de ces droits : cela se fit par la loi du 29 mars 1887, qui portait en même temps le droit à 5 francs, celui de 3 francs n'ayant pu empêcher la baisse du cours du blé.

Mais il était écrit — le destin a des ironies déconcertantes — que le droit fixe changerait plus souvent que « le droit variable » d'autrefois. Après la campagne désastreuse de 1890, celle de 1891 s'annonçant mauvaise, le Parlement, sur la proposition de M. Viger, ministre de l'agriculture, reporta le droit de 5 à 3 francs. Le blé, qui était à 32 francs le quintal, baissa ; et l'on rétablit le droit de 5 francs. Après quoi, comme le prix du blé, au lieu de monter, descendait, à tel point qu'il finit par tomber à 15 fr. la loi de 1894 éleva le droit de 5 à 7 fr.

Mais la discussion de cette loi avait traîné en longueur et permis à ceux qui prévoyaient le vote du droit de 7 francs d'importer des quantités considérables de blé étranger. De sorte que, pour commencer, en dépit de la protection plus grande, les prix bas persistèrent.

Puis une situation nouvelle s'accusa à partir de
1904, étonnant les économistes. L'écart entre le prix
du blé en France et à l'étranger va toujours en aug-
mentant : conséquence de l'accroissement de la consommation dans les pays nouveaux, plus rapide
que l'accroissement de production, tandis que chez
nous, la consommation du pain tendrait plutôt à
diminuer, et les offres de la culture dépassant, en
bonne année, la demande du consommateur. Dès
lors, on songea à faire exporter par l'agriculture le
trop-plein de sa production : on étudia tour à tour
les primes, la suppression des zones franches, les
bons d'importation... Après quoi, admettant que
l'avilissement des cours pouvait être la conséquence
des « manœuvres spéculatives » du commerce, on
vota en 1897 la loi du « cadenas », qui rend immédiatement applicable tout projet présenté par le gouvernement, et tendant à un relèvement des droits
de douane, sauf remboursement des droits perçus
en trop, si par la suite le projet n'est pas ratifié (1).

En 1898, après la mauvaise récolte de 1897, et
par suite de la hausse provoquée en Europe par la
guerre hispano-américaine, le cours atteignit en
France 32 francs. On s'émut. Et M. Méline, en
l'absence des Chambres, supprima par le décret

(1) On a fait observer à ce propos que si jamais cette loi était
appliquée, mais non ratifiée, les importateurs bénéficieraient seuls
du remboursement du trop perçu, tandis que le consommateur
risquerait de l'avoir intégralement payé sous forme de renchérissement du prix du pain. En tout cas, la loi n'a jamais été appliquée.

du 4 mai le droit de 7 francs jusqu'au 1ᵉʳ juillet. Cette suppression amena une hausse subite du blé étranger et ne profita guère au consommateur . qu'à partir de juin. (On estime, à tort ou à raison, que les importations faites en franchise pesèrent plus sur les campagnes suivantes qu'elles ne permirent d'attendre la soudure sans hausse nouvelle).

Le 1ᵉʳ juillet le droit fut rétabli, et il dure encore, béni par les uns, maudit par les autres.

Et voilà toute l'histoire du blé en quatre chapitres :

1° Ancien régime. — Liberté d'importation, interdiction d'exportation ;

2° De la fin du premier Empire à 1860. — Échelle mobile ;

3° De 1861 à 1885. — Libre-échange ;

4° De 1885 à maintenant. — Protection par un droit fixe de 3, 5 et enfin 7 francs.

On peut dire qu'en un siècle la France a expérimenté tous les systèmes possibles : du libre-échange absolu au protectionnisme intransigeant, en passant par la protection atténuée du droit gradué. La leçon des choses permet-elle de dire avec certitude quel est le meilleur de ces systèmes pour l'intérêt général, et même pour des intérêts particuliers ? Je n'oserais pas l'affirmer. En tout cas, ce n'est ni le lieu, ni l'heure de rééditer une controverse didactique entre théoriciens du protectionnisme et défenseurs du libre-échange.

Je crois que le libre-échange réserverait à ce pays moins de mécomptes que la protection. Mais puisque la question ne se pose pas entre ceci et cela, puisque la majorité du Parlement est manifestement acquise à la protection, il paraît plus opportun d'énoncer ainsi le problème : des deux seuls systèmes qui restent en présence, celui du droit variable et celui du droit fixe, quel est celui qui est susceptible de léser le moins le consommateur en même temps que de servir le plus à l'agriculture? Voilà la question. Subsidiairement, si c'est le droit variable, quelle est la forme d'application qui convient le mieux? Et si c'est le droit fixe, quelle est la quotité qu'il convient de donner à ce droit pour concilier le plus les intérêts en présence, celui du producteur, celui du consommateur et celui des intermédiaires, commerçants et industriels?

En théorie, l'échelle mobile apparaît comme le système le plus séduisant. Si l'on veut protéger l'agriculture, en effet, quoi de plus logique que d'imaginer un droit régulateur qui tempère l'effet de la hausse aussi bien que l'effet de la baisse, qui diminue lorsque le blé augmente trop à l'intérieur, et qui augmente quand le cours du blé diminue trop à l'intérieur? Et pourtant il est hors de doute que les résultats escomptés par le législateur de l'échelle mobile n'ont pas été obtenus. Cela tient à plusieurs causes : les unes inhérentes au principe même des droits variables; les autres à l'application défectueuse de ce principe.

Un simple raisonnement suffit pour apercevoir les premières. En cas de crise, le commerce seul peut venir au secours du consommateur et du producteur : par l'importation s'il y a déficit, par l'exportation s'il y a surabondance.

Supposons qu'une récolte s'annonce comme déficitaire. La culture garde son blé, soit par crainte d'en manquer l'année suivante, soit parce qu'elle escompte de hauts cours. La hausse débute lentement : si l'importation commence à temps, on pourra l'enrayer; si on attend les hauts cours pour importer, c'est trop tard. Prenons un négociant importateur : entre le jour où il achète son blé à l'étranger et le moment où ce blé arrivera sur le marché français, il s'écoulera plusieurs jours ou plusieurs semaines. Donc, au moment de l'achat, incertitude sur le prix de vente. Mais si, par-dessus le marché, nous sommes sous le régime des droits variables, notre négociant ignore le montant du droit de douane qu'il devra payer le jour de l'entrée. Donc, au moment de l'achat, incertitude du négociant sur le prix de vente et sur le prix d'achat lui-même. Ce sont trop d'aléas : le commerce a besoin de sécurité; il ne risquera pas de capitaux.

Même raisonnement pour l'exportation. De sorte qu'avec des droits variables, le négociant attendra, pour ses opérations, une période de hausse bien établie s'il est importateur, une période de baisse bien établie s'il est exportateur. Les négociants étrangers feront de même. Et, en somme, les uns et les autres attendront que le mal — hausse ou baisse — ait atteint son maximum d'intensité, pour opérer avec le maximum de sécurité. Donc, la variabilité des droits accroît, au détriment de tous, les aléas du commerce.

En outre, elle pousse à la spéculation : le commerçant est tenté d'agir sur le cours pour éviter une perte ou augmenter son bénéfice. Avec le droit fixe, le gain par hectolitre est proportionnel à l'élévation ou à l'abaissement des cours; avec le droit variable, au moment où ce droit va atteindre son point limite, il suffit de l'élever ou de l'abaisser de 1 ou 2 centimes pour gagner 1 franc, 1 fr. 50 ou 2 francs.

Voilà les vices de l'échelle mobile. Mais il en est d'autres qui tiennent à l'application défectueuse qui en fut faite, de 1832 à 1860, notamment sur ces quatre points : division des départements en classes ; fixation des prix limites et taux des droits ; détermination des prix et des marchés régulateurs ; conditions faites à l'importation et à l'exportation dans les différentes classes et sections.

En conclusion, si le système du droit variable paraît le plus séduisant et le plus logique, il faut reconnaître qu'il a fait faillite à tous ses engagements. D'aucuns proposent d'y revenir aujourd'hui, sous prétexte qu'on pourrait, grâce à l'expérience, éviter les erreurs d'application d'autrefois. Ils ont peut-être raison; mais ils ont en tout cas contre eux un précédent édifiant.

On avait prétendu par l'échelle mobile maintenir

le blé aux cours fixés par le législateur ; et on échoua. On se tromperait de la même façon si l'on attribuait au droit fixe le pouvoir de garantir au producteur un prix déterminé. En fait, le droit fixe a été établi pour mettre, dans une certaine mesure, la production nationale à l'abri de la concurrence étrangère. On a dit : « Le droit d'entrée de 7 francs par quintal de blé ne fera pas hausser le prix moyen de 7 francs, mais seulement dans la mesure où les blés étrangers concourront avec le nôtre pour alimenter notre consommateur. »

Le droit fixe n'a jamais été proposé ni voté — et ceci est capital — pour maintenir le blé à un prix déterminé, ni même pour élever nos cours au-dessus de ceux des marchés libres voisins de toute la quotité du droit. Il n'a été proposé et voté que pour empêcher les blés étrangers de se présenter sur nos marchés à un prix moindre que le prix de revient du pays de production augmenté des frais du transport et du droit de douane.

Eh bien, il reste à savoir si notre droit fixe de 7 francs remplit son office et si, dans des circonstances comme la crise actuelle, il ne joue pas complètement et ne devient pas un danger national.

V

LES VARIATIONS ET LE POIDS
DU DROIT DE DOUANE

La troisième République n'a voté que des lois d'exception. — Le droit de douane arrête-t-il la hausse ou la baisse ? — Plusieurs cas à considérer : récolte suffisante ; récolte déficitaire ; récolte excédentaire. — Discussion.

J'ai expliqué comment, par un singulier paradoxe, le droit de douane sur le blé n'avait jamais été aussi variable en fait que depuis qu'il est « fixe » en principe. Je rappelle pour mémoire les variations depuis 1885 :

28 mars 1885 : droit de 3 francs ;
29 mars 1887 : droit de 5 francs ;
1er juillet 1891 : droit de 3 francs ;
1er juillet 1892 : droit de 5 francs ;
27 février 1894 : droit de 7 francs ;
3 mai 1898 : 0 franc ;
1er juillet 1898 : droit de 7 francs.

Pourquoi ces changements fréquents? Parce que, depuis le retour au régime protectionniste, le Parlement a cru arrêter tout de suite les crises de hausse ou de baisse par une modification du droit de douane. Ce fut une erreur : les crises graves de hausse ou de baisse doivent être prévues, et on peut les conjurer en partie à condition de prendre des mesures en temps utile. Mais si l'on attend pour agir qu'elles aient atteint leur maximum d'intensité, l'expérience prouve qu'à ce moment-là ces mesures peuvent produire des effets exactement contraires à ceux qu'on avait escomptés.

Depuis vingt-sept ans, en matière de législation douanière sur les blés, le Parlement n'a voté que des lois d'exception, dans la panique des crises successives.

— Comme je gravissais la pente d'un coteau, racontait un chasseur méridional à un ministre de l'Agriculture, une compagnie de perdreaux s'envola à dix mètres devant moi.

— Que fîtes-vous? demanda le ministre.

— J'épaulai et je tirai dans le tas : pan, pan, pan, pan, pan...

— Pardon ! Mais vous ne rechargiez pas votre fusil ?

— Eh ! je n'avais pas le temps.

Le Parlement n'a jamais pris le temps de recharger son fusil. Il a tiré sans relâche... sur le consommateur.

Du moins, les producteurs ont-ils bénéficié de ce

régime instable ? Moins qu'on ne le croit généralement. En effet, si on examine de près les cours du blé depuis 1885, on constate que les droits de douane de 1885 (3 francs), de 1887 (5 francs), de 1894 (7 francs) ont été impuissants à arrêter la baisse qui les avait provoqués. Tout ce qu'on peut dire, c'est qu'ils ont empêché les cours de tomber au niveau du marché universel. Mais il faut, par contre, ajouter qu'en temps ordinaire, ils sont impuissants à provoquer la hausse.

Pourquoi les droits de douane sont-ils, en temps ordinaire, impuissants à provoquer la hausse et même à arrêter l'affaissement continu des prix ?

Un économiste, l'intendant militaire Le Guen, en a donné un explication tellement claire et logique, qu'elle s'impose.

Supposons, avec lui, le marché français isolé du marché universel. Il se trouvera réduit aux seules ressources de notre production nationale ; et les cours, complètement indépendants des prix pratiqués à l'étranger, y seront réglés par la situation intérieure : facilités du transport, liberté commerciale, stocks, importance de la récolte actuelle, présages de la prochaine. Dès lors, trois cas peuvent se présenter : ou notre production nationale est juste suffisante, ou elle est excédentaire, ou elle est déficitaire.

1° *Récolte juste suffisante.* — La consommation étant de 123 millions d'hectolitres, la production est de 123 millions d'hectolitres ; et il n'y avait pas de stocks. Que va-t-il se passer ? Par le simple jeu de l'offre et de la demande, le cours du blé va se fixer sur un prix qu'on peut considérer comme normal : 20 francs le quintal, par exemple.

Imaginez maintenant qu'on ouvre nos frontières aux blés étrangers.

Si le blé étranger ne peut arriver en France qu'au prix de 20 francs, il n'y aura pas d'importation, car elle ne donnerait aucun bénéfice, et le cours dans notre pays se maintiendra à 20 francs.

Si le blé étranger peut arriver en France à un prix inférieur à 20 francs, à 18 francs par exemple, des importations se produiront. Au début, pour gagner la clientèle sur les marchands de blé indigène, les importateurs offriront ce blé étranger à un prix légèrement inférieur. Puis, par l'effet de la concurrence, ce cours initial baissera et finira par se fixer aux environs de 18 francs, tant pour le blé français que pour le blé étranger. Eh bien, quelle influence aura sur cette situation le droit de douane ?

Un droit de 1 franc n'empêchera pas le blé exotique d'entrer. Des importations se produiront ; le cours s'établira vraisemblablement aux environs de $18 + 1 = 19$ francs. Conclusion : le droit de 1 franc empêchera le blé français de tomber à 18 francs ; il *jouera*.

Un droit de 2 francs mettra à 20 francs le prix du blé exotique entrant en France. Il n'y aura pas d'importations. Le cours du blé français restera à

20 francs. Le droit de douane jouera complètement.

Un droit supérieur à 2 francs ne produira pas plus d'effet qu'un droit de 2 francs. Il empêchera le blé étranger d'entrer, mais il n'élèvera pas le cours du blé français au-dessus de 20 francs. Il ne jouera, en somme, que pour la différence entre le cours du marché français et le prix de revient du blé étranger importé en France.

2° *Récolte excédentaire.* — Reprenons notre marché français théoriquement isolé du monde extérieur. La récolte dépassant les besoins de la consommation, l'offre dépassant la demande, le cours va baisser. Il descendra, par exemple, jusqu'à 18 francs. (Le chiffre qui, en fait, est fonction de l'excédent de la production importe peu dans le raisonnement.)

Ouvrons maintenant la frontière au blé étranger. S'il se produit des importations, le blé exotique ne pourra être offert en France qu'au prix maximum de 18 francs. Mais il ne s'en produira pas, car elles ne contribueraient qu'à aggraver la baisse par une exagération de l'excédent (1).

Dans ces conditions un droit de douane ne saurait faire remonter les cours rendus faibles par l'abondance de la marchandise. C'est tout au plus s'il les

---

(1) Les statistiques révèlent qu'en fait, les importations sont minimes dans les années excédentaires et de cours bas. Elles se réduisent généralement à des lots de blés durs servant à la fabrication des semoules, ou par mélange avec du blé français, à la fabrication de pain riche en gluten et particulièrement recherché dans le Midi.

empêchera de tomber encore plus bas en rendant l'importation inutile ou impossible.

Incidemment — et pour montrer que l'industrie ne profite pas toujours de pareilles circonstances autant qu'on le croit — je rappellerai qu'il y eut en France, il y a quelques années, une récolte excédentaire (130 millions d'hectolitres). Or, la même année, les récoltes à l'étranger étaient déficitaires. Le droit de douane ne jouait plus du tout. Des affaires d'exportation de blé français en Angleterre et en Allemagne furent ébauchées. Mais, dès qu'elles furent connues du commerce français, la meunerie se jeta sur la marchandise et la paya un prix supérieur au cours, simplement pour ne pas être obligée de la racheter plus tard au prix auquel elle avait été vendue, majoré du droit de douane.

3° *Récolte déficitaire*. — Si la récolte est déficitaire, la demande dépassant l'offre, le cours monte au-dessus du prix normal que nous avons supposé égal à 20 francs. Admettons qu'il atteigne 23 francs.

Ouvrons nos frontières au blé étranger. Il ne se produira tout de suite d'importation que si ce blé étranger peut arriver chez nous à un prix égal ou inférieur à 23 francs. Eh bien, supposons qu'il y arrive à 18 francs : ce blé exotique pénétrant en France va faire baisser le cours, et cela jusqu'à 20 francs, prix normal correspondant à l'égalité entre l'offre et la demande.

Si l'appel aux marchés étrangers ne provoque pas une hausse sur ces marchés, l'importation pourra s'exagérer, former un amas excédentaire en France et y faire tomber le cours au-dessous de 20 francs. En cas contraire, l'importation s'arrêtera sans avoir formé un amas excédentaire, et le cours en France se maintiendra aux environs de 20 francs.

Maintenant posons un droit de douane : un droit de 5 francs par exemple. Le blé étranger, qui pouvait arriver en France au prix de 18 francs, ne pourra y arriver qu'au prix de $18 + 5 = 23$ francs. Or, c'est le cours du blé français. Donc il n'y aura pas lieu à importation, du moins immédiatement.

Cependant qu'adviendra-t-il? Au fur et à mesure que la récolte s'épuisera, le cours augmentera, dépassera 23 francs. Aussitôt des importations de blé étranger se produiront et tendront à ramener le cours à 23 francs ou au-dessous. Et en somme, comme dans une année de récolte suffisante, le droit de douane jouera de la différence entre le cours du marché français et les cours des marchés étrangers.

Cependant il est possible que le cours du marché français s'élève jusqu'à des hauteurs exceptionnelles. Pourquoi? Parce que les détenteurs de blé, convaincus que le gouvernement ne lèvera pas les droits protecteurs, retiendront leur marchandise pour la vendre plus cher; parce que des négociants, retardant leur vente dans l'espoir de gains plus considérables, garderont aussi leur marchandise; parce que certains industriels, escomptant une levée des droits provoquée par l'exagération de la hausse, accumuleront lé blé dans les entrepôts pour profiter des hauts cours à l'heure de la levée des droits. Toutes ces choses se produisent surtout à la fin des campagnes marquées par une récolte déficitaire. Alors le droit de douane joue intégralement; il peut même jouer plus que n'a prévu le législateur et permettre aux cours du marché français de dépasser les cours du marché extérieur d'une somme supérieure à sa quotité.

Cela s'est vu en 1898.

Cela se voit encore aujourd'hui.

Prenons la journée de samedi dernier, par exemple. Les blés walla-walla valaient 23 fr. 50 *caf* (c'est-à-dire coût, assurance et fret, rendus sur bateau dans un port français). Pour arriver jusque chez un meunier du rayon parisien, ce blé subissait des majorations successives dont voici le décompte :

Coût de la marchandise, c. a. f.	23 50
Déchargement, ensachage et mise sur wagon	0 50
Droit de douane	7 »
Transport par chemin de fer le Havre-Paris.	0 85
Camionnage à Paris.	0 25
Total.	32 10

Les blés d'Australie, de leur côté, valaient samedi dernier 23 fr. 75 *caf.* Rendus chez le meunier du rayon parisien, ils coûtaient donc, tous les autres frais étant les mêmes, 32 fr. 35.

Maintenant prenons du blé français pour le même

meunier du rayon parisien. Il faut aller le chercher dans un centre de production : à Chartres, par exemple. Or, samedi dernier, au marché de Chartres, le blé de Beauce coûtait 30 fr. 75 les 100 kilos. De sorte qu'un quintal de cette denrée rendu chez le meunier revenait à :

Valeur de la marchandise	30 75
Transport Chartres-Paris.	0 70
Camionnage	0 25
Total	31 70

Le blé indigène coûtait donc 40 centimes de moins que les walla-walla, et 65 centimes de moins que les Australie. Or, qu'est-ce que 40 centimes, qu'est-ce que 65 centimes par quintal sur le prix total d'un lot de blé? Presque rien. A peine l'écart entre deux qualités. On peut donc dire que, samedi dernier, le droit de douane jouait dans son intégralité. En d'autres termes, le droit de 7 francs pèse actuellement de tout son poids sur le consommateur, et — les producteurs eux-mêmes en conviennent — c'est une taxe énorme imposée à la misère. Mais l'avenir apparaît encore comme plus inquiétant que le passé. La tendance du marché ne semble pas à la baisse. Que la hausse s'accentue encore un peu, et alors le droit de douane, déjà exorbitant, jouera pour plus que sa valeur!

On a dit : « Il n'y a plus de blé en France! » J'ai montré que ce n'était pas prouvé. Si à partir d'aujourd'hui on prélevait tout le blé existant en France à l'heure actuelle pour le disperser ensuite au fur et à mesure des besoins de la consommation, on se rendrait compte que toutes les meules n'ont pas disparu de la surface du sol et que tous les greniers ne sont pas vides. Jamais on n'a vu avant la moisson le dernier grain de blé de la récolte précédente. Des statistiques incontestées révèlent que, même dans les années les plus déficitaires, on a reporté en fin de campagne 5 millions de quintaux sur la campagne suivante. Autant dire que nous avons encore du pain sur la planche, mais que, pour qu'il y en ait assez, il faut qu'il y en ait trop.

Y en a-t-il trop? La longueur exceptionnelle de cette campagne — treize mois au lieu de douze — n'a-t-elle pas épuisé plus que d'habitude le produit de la récolte et les stocks? Voilà le point obscur de la situation.

Quoi qu'il en soit, de ce chapitre sur la législation douanière ne retenons pour le moment que deux choses : l'extrême variabilité des droits de douane depuis 1885, qui empêche le commerce et l'industrie d'adopter en toute confiance une ligne de conduite, et l'exagération du droit de 7 francs, qui pèse d'un poids trop lourd sur le consommateur.

VI

LES GAINS DU CULTIVATEUR

Le prix de revient du blé. — Constantes et variables. —
Incertitude des évaluations. — Les comptes d'un produc-
teur beauceron. — Les comptes d'un producteur de la Brie.
— Les frais minimum de la culture.

Il y a une trentaine d'années, quand on discuta
au Parlement sur le système de protection par lequel on tenterait d'enrayer la crise agricole et la
mévente persistante des céréales, des partisans de
l'échelle mobile prétendirent apporter à la tribune
le « prix de revient moyen » du blé en France. Quelques-uns d'entre eux donnèrent même des chiffres.
Mais, outre que ces chiffres très différents laissaient
tout le monde sceptique, des économistes plus avisés
expliquèrent — avec succès — que le « prix de revient moyen » du blé est une chose incalculable,
insaisissable, impalpable ; et un seul argument suffit
pour la démonstration : comment établir sérieuse-

ment le prix de revient, même moyen, d'une denrée, alors que ce prix est fonction du rendement de la terre et que ce rendement est essentiellement variable ?

Le prix de revient varie, non seulement de région à région, mais même de domaine à domaine et de champ à champ. Et par surcroît, pour un carré de terre déterminé, il diffère d'année à année, puisqu'il est d'autant moins élevé que le rendement est plus important. Que dis-je? il diffère pour deux années de rendement égal, car la qualité et le poids ne sauraient être identiques.

Un agronome, dont les affirmations ne sont point discutées — l'ancien doyen Grandeau, de la Faculté des sciences de Nancy — écrivait en 1885 :

« 1° Le prix de revient du blé, qu'il est toujours possible d'établir très approximativement, lorsqu'on a en main les conditions de sa culture, a varié dans le même sol *du simple au quadruple* par suite des écarts de rendement.

« Les termes *prix de revient* n'ont donc absolument pas de signification précise lorsqu'ils ne s'appliquent pas à une culture déterminée. Déclarer en bloc les prix de revient trop élevés dans un pays est se payer de mots, puisque, dans un même champ, le seul emploi de telle ou telle semence double la production, pour la même dépense, et fait osciller le prix de revient du quintal entre 5 francs et 19 francs, soit sensiblement de 1 à 4 ;

» 2° Un droit à l'entrée sur les blés étrangers ne

saurait, sans compromettre sérieusement les conditions d'alimentation d'un pays, fournir au producteur une compensation aux trop faibles rendements obtenus ; bien moins encore lui assurer un écart largement rémunérateur entre le prix de revient et le prix de vente ;

» 3° Le seul remède à la situation déplorable de l'agriculture, et particulièrement de la culture du blé en France, est l'accroissement notable des rendements. »

Mais si l'établissement d'un prix de revient évoque par ses difficultés le problème de la quadrature du cercle ou la démonstration directe du postulatum d'Euclide, on peut simplifier la question et la poser en ces termes : dans une région déterminée, dont le sol est assez uniforme, combien coûte la culture en blé d'un hectare de terre, alors qu'on est fixé aujourd'hui sur la semence qui convient généralement le mieux à la contrée ?

Pour le savoir, il fallait interroger des producteurs opérant sur d'assez vastes domaines. Et voilà pourquoi je suis revenu dans la Beauce.

Je ne vous dirai pas combien de cultivateurs m'ont répondu qu'il leur était matériellement impossible de me faire connaître le prix de la culture d'un hectare en blé dans leur commune : ils sont trop !

— Ça dépend, ça dépend... Pour sûr, c'est cher ; ça coûte les yeux de la tête... Ça dépend... Il y a deux ans, on a perdu ; l'an dernier, on a perdu encore... On perd plus souvent qu'on ne gagne, voyez-vous !...

Voilà la réponse générale.

Pourtant j'ai trouvé des Beaucerons moins méfiants ou plus documentés. Quatre gros cultivateurs du rayon de Chartres m'ont donné leurs chiffres. J'ai pris la moyenne de leurs indications. Et voici comment se décomposeraient, d'après eux, les dépenses de culture d'un hectare dans cette région :

Fermage (2 ans à 80 francs)	160
Impôts (2 ans à 15 francs).	30
Main-d'œuvre pour tous travaux.	150
Engrais (25.000 kilos à 10 francs, 2/3 pour le blé).	166
Engrais (superphosphate).	30
Frais généraux divers.	30
Intérêt du capital engagé à 5 pour 100. .	28
Total.	594

On remarquera que nos Beaucerons ont compté deux fois le fermage et les impôts, parce que suivant les méthodes de la culture triennale, la terre, après avoir produit une récolte en blé, doit être laissée un an au repos et semée un an en avoine avant d'être de nouveau ensemencée en froment. A dire vrai, on profite souvent du «repos» de la terre pour y faire pousser du trèfle incarnat, du fourrage pour l'élevage, ou d'autres choses.

A noter encore que sur une récolte en blé, le cultivateur n'a pas que le blé comme recette ; il a aussi la paille, la paille qui vaut de 3 francs à 3 fr. 50 les

100 kilos ; il a aussi le produit de la terre pendant l'année de repos.

Et maintenant je laisse le soin aux lecteurs du *Temps* de faire telles déductions que ces éléments rendent possibles.

Étant donné un prix de vente du blé, il est facile, par une simple division, de voir quel doit être le rendement pour que la production rentre dans ses débours. Et réciproquement, étant donné un rendement, une division permet de voir à quel prix le blé doit être vendu pour que le producteur ne perde rien.

Supposons une récolte de 25 quintaux à l'hectare.

$$594 : 25 = 23 \text{ fr. } 75$$

Il faudrait donc que le prix de vente du blé fût de 23 fr. 75 pour que le producteur rentre dans ses débours.

J'ai fait établir le même décompte dans plusieurs régions de notre pays.

Je suis, par exemple, allé dans la Brie, et j'ai réuni un groupe de gros cultivateurs non loin de la Houssaye-Crèvecœur, où notre très regretté collaborateur et ami Couteaux avait installé son fameux champ d'expériences, familier aux lecteurs du *Temps*.

Voici le rapport textuel qui m'a été remis :

RAYONS : MEAUX, COULOMMIERS, PROVINS, FONTAINEBLEAU ET MELUN

Impôts   12

Loyer de la terre (suivant rayon)

130, 120, 110 fr., terre de 1re qualité ⎫
100, 90, 80 fr.,   —   — 2e   — ⎬ Moyenne environ.   100
80, 70, 60 fr.,   —   — 3e   — ⎭

Façon de labour   50

Hersage, roulage et frais divers   20

Fumure, il faut compter 25.000 kilos de fumier
à 10 francs.   250

Engrais complémentaires (500 kilos superphos-
phate à 9 francs).   45

Environ 200 kilos de semence à 30 francs . . .   60

Main-d'œuvre pour semer les engrais et se-
mences   10

Echardonnage en moyenne   5

Moisson pour couper   45

Dressage des gerbes en tas   7

Rentrage et mise en meules ou en granges. . .   15

Battage (à raison de 2 francs le quintal, compris
le rangement des pailles sur une estimation
moyenne de 30 hectolitres ou 22 à 24 quintaux
suivant poids naturel à l'hectolitre, le poids de
la paille à l'hectare étant de 3.500 à 4.000 kilos).   45
                                                    ———
                                                    664

Nota. — Les loyers de *80, 70* et *60 francs* à l'hectare s'entendent pour terres inférieures non drainées. Le plus souvent la culture en est faite par des jachères qui laissent la terre se reposer une année. Cette culture demande des demi-fumures (fumiers et engrais).

Il serait oiseux de multiplier ces rapports.

J'ai voulu simplement, avant de conclure sur les causes de la crise actuelle et ses remèdes possibles, poser toutes les données du problème.

VII

PREMIÈRE CONCLUSION
DES RÉFORMES A LA BOURSE
DU COMMERCE

Les adversaires de la spéculation. — Arguments divers. —
La « surface » des spéculateurs. — La contre-partie et les
outsiders. — La liquidation de fin de mois fausse-t-elle le
cours? — Les modifications au régime actuel. — Le regard
de l'État sur les livres des commissionnaires.

Plus on s'attarde dans la recherche des causes de
la cherté du blé, plus la détermination de ces causes
paraît impossible. Au moment de conclure, je pose,
sans plus de succès, le point d'interrogation que je
posais au début de cette étude : reste-t-il suffisamment de blé en France pour doubler le cap de la
moisson prochaine? Si oui, où est ce blé, et pourquoi
ceux qui le détiennent s'obstinent-ils à ne le céder,
malgré les hauts cours, que par tout petits paquets,
au risque de le vendre moins cher si le gouvernement
entr'ouvre nos frontières à l'étranger? Sinon, qu'at-

tend le gouvernement pour permettre à l'industrie de s'approvisionner et prévenir de dangereuses paniques ?

Les statistiques — officielles et autres — nous ont tout d'abord informés que la récolte de 1911 était légèrement déficitaire : l'importation de quelques millions d'hectolitres pouvait suffire à combler le vide. Par la suite, le ministère de l'Agriculture a confirmé ses chiffres. D'autres, au contraire, ont modifié leurs premières évaluations. Un correspondant du Centre de la France m'écrit, par exemple :

« Vous savez que la statistique a établi une différence très sensible entre les deux dernières récoltes de blé, 1910, et 1911 la dernière étant évaluée *supérieure* à la précédente de 25 pour 100 au moins. Telle était bien l'opinion générale, même chez nous, en juillet-août 1911 ; mais depuis lors, à mesure que les battages s'effectuaient, nous avons marché de déception en déception, à tel point qu'à l'heure où la totalité de la dernière récolte a été vendue, j'ai eu le regret de constater que la récolte 1911 se trouvait bel et bien *inférieure* de 8,4 pour 100 à la précédente.

« C'est bien *inférieure* que j'ai écrit, et je maintiens mon affirmation, particularisée il est vrai aux propriétés que j'ai la charge de contrôler, situées dans les départements de l'Indre, du Cher et de l'Allier, et présentant trois genres de cultures différents : grande propriété, élevage et petite propriété. »

Un meunier de l'Aisne m'a dit :

« Chargé d'évaluer le rendement de la récolte en blé dans mon rayon, je me suis aperçu que j'avais donné des chiffres trop élevés. Je m'étais trompé de bonne foi. Il faut en rabattre, et beaucoup. »

J'ai reçu trente attestations du même genre.

Où est la vérité?

Pour moi, j'ai l'impression qu'il reste dans notre pays de quoi faire la « soudure » avec la prochaine campagne. Mais ce n'est qu'une impression : il faudrait, pour avoir une certitude, procéder à l'inventaire des meules et des greniers.

Ce qui paraît incontestable, par exemple, c'est que, sur le marché, l'offre est rare et la demande active; et c'est, en outre, que les stocks en magasins s'épuisent. Cela suffirait, à défaut de renseignements plus précis, pour expliquer les hauts cours. Mais tout le monde ne se contente pas de la clarté des choses simples ; certains esprits préfèrent les explications compliquées.

Je ne citerai aucune des légendes qui circulent, de midi à quatre heures, aux abords de la Bourse de commerce : on dirait parfois qu'une bande de Lemice-Terrieux a pris à tâche de jouer avec la crédulité publique. Mais un refrain court les rues et les champs : ce sont des spéculateurs forcenés qui font monter les cours! C'est le marché réglementé qui cause tout le mal! Et les échos de ce refrain se répercutent dans les corridors silencieux des ministères...

Eh bien, voyons si le marché réglementé, dont j'ai exposé en détail le mécanisme, est vraiment un repaire de spéculateurs sans vergogne, s'il est possible que des naufrageurs sans scrupules y jouent à l'aise sur une denrée, base de l'alimentation publique.

Tout d'abord, d'aucuns prétendent qu'on voit fréquemment des maisons, édifiées sur un capital modique de quelques centaines de mille francs à peine, manœuvrer sur des affaires de plusieurs millions.

Sans les contredire formellement, on peut observer que de semblables opérations ne pourraient s'effectuer sans crédit. Or, nul marché n'est plus sévère que le nôtre à ce point de vue-là : un négociant n'obtient de crédit que lorsqu'on l'a vu à l'œuvre pendant un, deux, trois ans; quand on a constaté qu'il ne prend pas d'engagements hors de proportions avec ses moyens, qu'il agit prudemment, sagement. Tel qui ne dispose que de 200.000 francs, se voit favorablement coté à raison de ses qualités commerciales, alors que tel autre, nanti d'un million, reste « en observation ». A la Bourse de commerce, on ne traite pas d'affaires avec tout venant.

D'ailleurs, l'accès dans les grands syndicats n'est pas accordé à tout le monde : il faut offrir de sérieuses garanties d'honorabilité, de probité, de surface et de crédit. Quiconque se voit contraint par une débâcle de prendre des arrangements avec ses créanciers est exclu. C'est le cas de dire qu'on n'entre pas dans ces cénacles comme dans un moulin; et celui-là aurait tort qui, concluant du particulier au général, assimilerait l'ensemble du marché à quelques brebis galeuses.

On prétend aussi que des intermédaires agréés entrent une collusion pour duper des clients naïfs. X... a reçu d'un correspondant l'ordre d'acheter « au mieux », à la cote de trois heures, 500 quintaux de blé. Le cours étant de 30 francs, X... s'entend avec Y..., son compère, et lui achète publiquement les 500 quintaux à 30 fr. 20. Après quoi, les deux complices échangent des lettres pour annuler la majoration et... se partagent cette majoration payée par le client. C'est ce qu'on appelle, en argot professionnel, une affaire de complaisance, un coup « à la gomme ».

Jeu dangereux, car de pareilles combinaisons passent rarement inaperçues. Il suffit que quelqu'un ait vu ce marché suspect pour que le président soit averti et pour qu'une enquête impitoyable soit immédiatement ouverte. Toutefois je n'oserais pas affirmer que le coup « à la gomme » ne se fait jamais.

On signale aussi les agissements des « outsiders » ou « contre-partistes »; car toute Bourse a, comme on dit, ses « Pieds-humides ». Hors des divers syndicats, il existe un certain nombre de commissionnaires en chambre, qui n'exécutent jamais d'ordres sur place, mais qui vont solliciter une clientèle de capitalistes véreux ou naïfs.

— Je sais que le cours du blé va monter, leur déclarent-ils. Vous feriez bien d'acheter.

Mais au fond, ils pensent le contraire. Et si le capitaliste leur passe un ordre d'achat sur place, ils se gardent bien d'exécuter le mandat, mais annoncent tout de même au client qu'ils l'ont rempli et perçoivent une commission.

La loi de février dernier a porté un rude coup à cette coupable industrie, en interdisant aux non-professionnels de se livrer à des opérations autrement que par l'intermédiaire d'un courtier ayant accès sur le marché.

On avait voulu, il est vrai, aller plus loin et interdire toute contre-partie. Mais on a reconnu que c'était impossible. Voici, par exemple, un meunier en situation de vendre à un boulanger et à un prix avantageux de la farine sur les quatre derniers (livrable dans les quatre derniers mois de l'année). Pour se couvrir, il téléphone à un commissionnaire, non sans avoir pris la précaution de se renseigner sur les cours :

— Que vaut le blé sur les 4 derniers?

— 25 fr. 60.

— J'offre d'en acheter à ce prix-là 1.000 quintaux si vous voulez me les donner ferme.

Mais le commissionnaire pense :

— Le blé valait tout à l'heure 25 fr. 60. Mais il a peut-être monté. Je propose, pour ne point courir de risques, de donner les 1.000 quintaux à 25 fr. 65.

Si le meunier accepte, l'affaire est conclue. Qui

pourrait contester la légitimité de cette contre-partie?

Le plus vif reproche qu'on adresse au marché réglementé, c'est de « fausser » les cours par les liquidations de fin de mois.

J'ai expliqué ce qu'il fallait entendre par là : acculé à la fin du mois sans pouvoir livrer le blé qu'il a vendu, un négociant cherche à se procurer de la marchandise à tout prix. Et les cours montent, devant cette demande impérieuse. Ils montent parfois à un niveau insolite, pour retomber ensuite, au début du mois suivant, dès la liquidation terminée.

Pour tous les professionnels, ces cours exceptionnels pratiqués à la fin du mois ont leur signification spéciale : ils ne représentent pas le prix réel de la marchandise livrée. Si, par exemple, on câble de New-York que le blé a été coté dans cette ville 125 cents pour le disponible le 30 avril, (alors que le suivant ne vaut que 100 cents), cela ne nous fait pas payer le blé américain un sou de plus. Et le même jour, quand le cours a dépassé 33 francs au marché de Paris, tous les gens au courant de la question ont compris ce que cela signifiait : un brelan de vendeurs défaillants.

Seulement on fait remarquer que, chez un profane, chez un petit producteur mal renseigné, cette hausse factice peut inspirer des déterminations fâcheuses. Et cela mérite qu'on cherche un moyen d'éviter ces erreurs d'interprétation.

Je crois savoir que les syndicats de la Bourse de commerce sont disposés à modifier sur ce point le règlement. Ne pouvant rien changer, au cours d'une année, aux bases essentielles du marché, on introduirait immédiatement une réforme qui ne porterait atteinte à aucun principe : les cinq derniers jours de chaque mois — c'est-à-dire pendant la période de liquidation — on prendrait le cours de la marchandise en gare; et pour le courant, c'est-à-dire pour ce qui reste à liquider avant la fin du mois, on ne coterait jamais à un prix supérieur à ce cours. Le blé en gare valant 31 francs, le coteur appellerait :

— Blé courant, 31 francs!

Là-dessus, si quelqu'un offre de la marchandise à 30 fr. 95, on coterait 30 fr. 95. Si au contraire, ne trouvant pas de marchandise pour exécuter ses contrats, un vendeur acculé éprouve le besoin de payer plus cher, on coterait 31 francs, plus le surplus. Ainsi tout le monde comprendrait : 31 francs, c'est le cours du blé en gare; le reste, c'est la pénalité du vendeur qui ne pouvait remplir ses engagements.

Voilà ce qu'on propose pour l'avenir. Et il faut reconnaître que ce serait plus logique.

A ce propos, on a fait grief à la chambre syndicale de n'être point intervenue, l'autre jour, quand le cours a dépassé 33 francs. Cependant elle n'avait pas à intervenir. Que dit, en effet, l'article 72 du règlement? Ceci :

« A défaut d'exécution, l'acheteur peut, sans mise en demeure préalable, considérer la vente comme résolue à son profit, pour la quantité non livrée, sur le cours de la dernière cote du dernier jour de livraison, ou bien faire racheter cette quantité, par courtier assermenté, aux frais, risques et périls du vendeur, à la Bourse du premier jour du mois suivant ; dans ce dernier cas, il doit faire connaître cette décision au siège de la direction, au plus tard une demi-heure après la dernière cote du dernier jour ouvrable du mois.

« *En cas de contestation*, soit sur le prix de résiliation du dernier jour du mois, soit sur les prix auxquels les rachats auraient été effectués, la chambre syndicale, sur la demande de l'une ou l'autre des parties, fixe le cours de compensation sur les bases indiquées à l'article 73. »

Or, il n'y eut aucune contestation entre le vendeur et l'acheteur. Cédant aux conseils d'un intermédiaire officieux, redoutant aussi les clameurs du public non initié aux incidents du marché, l'acheteur dit : « Je pourrais aller jusqu'au bout de mon droit et acculer mon vendeur à une pénalité formidable. Je me contenterai d'une pénalité relative. »

Fit-il bien ? Fit-il mal ? Ceci est une autre affaire.

A l'étranger règne le régime de la liberté absolue. C'est la loi du plus fort. L'acheteur tient à sa merci le vendeur défaillant jusqu'à la limite morale. A Paris, liberté relative : on reconnaît que le vendeur qui ne peut s'exécuter doit être châtié, surtout s'il a voulu spéculer ; mais on limite la pénalité, et cela dans des proportions analogues à celles que l'admi-

nistration a adoptées à l'égard des adjudicataires
défaillants.

———

Quoi qu'il en soit, ne retenons que l'inconvénient
des cotes faussées par les liquidations à la fin du
mois, et que la modification proposée pour cette
période de tension à l'établissement et au libellé de
la cote : prix du blé en gare, plus la pénalité.

Au surplus, les lecteurs du *Temps* savent qu'une
commission extra-parlementaire a été chargée d'étudier « les moyens d'améliorer le fonctionnement des
Bourses de Commerce ». Son rapport est connu. Et
M. de Monzie, député, n'avait pas attendu sa publi-
cation pour présenter des projets de lois visant le
répertoire pour les intermédiaires et l'interdiction
de la contre-partie aux non-professionnels.

Le répertoire, bien des maisons le possédaient
déjà. J'en ai vu un chez un commissionnaire. Les
affaires y étaient inscrites sous cette forme :

DATE	QUALITÉS	NOMS	Quantités.	Den-rées.	Date à livrer.	PRIX
6 janvier.	Vendeur.	*Dupont.*	1.000 q.	Blé.	4 de mars.	26 45
»	Acheteur.	Durand.	»	»		»

Le nom en italique est celui du client du commissionnaire. Et le tout permet à ce dernier de prouver,
amiablement ou en justice, qu'il n'a pas fait de
contre-partie.

Ce n'est pas tout. La commission propose un droit de statistique sur les opérations. Et ce droit sera perçu plusieurs fois sur la même affaire. Exemple :

A achète à V 1.000 quintaux de blé : chacun d'eux paye 2 francs.

Mais ce n'est pas fini. Si A, meunier de province, a plus d'intérêt à ne pas prendre livraison de ce blé et à en acheter dans son rayon, il revend les 1.000 quintaux à B. Et aussitôt A et B payent 2 francs.

Et ainsi de suite.

Je pourrais démontrer que, pour certaines denrées, comme le sucre, ce droit finira par être payé par le consommateur. Mais cela me paraît inutile. J'ai voulu examiner de près les griefs que l'on formule, sans précision, contre le marché à terme, et voir s'ils étaient fondés ; et j'ai indiqué, par surcroît, les quelques réformes qu'on se proposait d'accomplir, spontanément ou non. Seulement je ne vois pas comment les pratiques critiquées de la Bourse et les modifications qu'on y apporte peuvent rendre le blé moins cher.

S'il y a des abus — et il s'en produit — et si on les fait disparaître : rien de mieux. Mais il n'en reste pas moins que le marché à terme est nécessaire, qu'il joue un rôle de régulateur, et que si les négociants, inquiétés par toutes sortes de menaces, s'étaient mis à acheter livrable à terme au début de la campagne, au lieu de travailler au jour le jour, nous n'aurions pas à enregistrer la hausse qui nous effraye.

Les principales causes de cette hausse, il faut les chercher ailleurs que dans la pratique du marché réglementé.

VIII

INTERVIEW DE M. FERNAND DAVID

Un ministre qui ne veut pas opposer l'agriculture au commerce. — L'ancien rapporteur du budget de l'Agriculture voudrait un marché élargi. — Il condamna la contre-partie et veut une cote honnête.

M. Fernand David fut à plusieurs reprises le rapporteur du budget de l'Agriculture, et à ce titre il défendit chaleureusement les grands intérêts de la culture.

Aujourd'hui il est ministre du Commerce ; et certains en ont conclu qn'il éprouverait quelque gêne à défendre maintenant les intérêts de l'industrie et du commerce.

Ceux-là rétrécissent singulièrement le programme et la tâche d'un ministre.

« Je n'ai rien abandonné de mes opinions, m'a dit M. Fernand David ; je les ai simplement transportées sur le terrain où la confiance du président du Conseil m'a placé. J'ai toujours considéré que la prospérité d'un pays était faite autant de l'intensité de sa production que de l'activité de son négoce. Agriculture, commerce, tout cela se tient ; si la première périclitait, le second s'étiolerait. Le devoir d'un administrateur de ce pays consiste à les solidariser au lieu de les opposer.

« Mais je me demande pourquoi je vous dis ces choses : elles sont si élémentaires, si évidentes !

« Vous me dites que, parce que je suis partisan d'une protection raisonnée et raisonnable de l'agriculture, principale source de nos richesses, certains esprits en ont déduit que j'étais l'adversaire des marchés à terme, et notamment des marchés à terme sur le blé. Eh bien, tenez, voici une preuve du contraire, et qui n'a pas été forgée pour les besoins de la cause ! »

Et le ministre ouvre le rapport qu'il déposa sur le budget de l'Agriculture au mois de juillet 1910. J'y lis :

« Il ne s'agit pas de porter atteinte d'une manière quelconque à la liberté commerciale et, par des mesures coercitives, de réglementer le marché à terme ou à livrer de telle façon qu'il soit impossible aux intéressés de profiter de cette forme de contrat qui est indispensable aux besoins des services publics de l'agriculture, du commerce et de l'industrie.

« *Le marché à livrer ou à terme* (ces deux expressions, tout en étant différentes, visent exactement la même opération) *est un contrat qui a pour but d'assurer à l'avance des approvisionnements certains et réguliers.* Les grandes administrations de l'Etat, la guerre, la marine, les grands services publics, les négociants, les industriels, tous à des degrés divers et sous des formes différentes, ont à passer des contrats qui en réalité sont bien des marchés à livrer. Adjudications, soumissions, marchés en Bourse répondent à une même nécessité : prévoir l'avenir et prendre des engagements tels que les fluctuations des cours ne pourront entraîner les intéressés plus loin.

« Elles ne sont pas critiquables : il s'agit en effet d'un marché réel, répondant à une nécessité commerciale, et l'on ne peut concevoir qu'au lieu d'un seul intermédiaire, il puisse y en avoir plusieurs ayant la liquidation des opérations. Les opérations successives ne donnent lieu, dans toute la série des contractants, qu'à un règlement de comptes, sauf pour le *premier vendeur* et le *dernier acheteur* dont l'un, le livreur, fournit, et l'autre, le réceptionnaire, prend livraison de la marchandise. »

M. Fernand David, commentant ses dires de l'année dernière, ajoute :

« Ce que je condamne, c'est la spéculation pure, le jeu qui, au moment du règlement des pertes, jette la perturbation sur le marché et fausse les cours.

« En ce qui concerne les Bourses de commerce, je désire qu'elles jouissent de la plus grande liberté, il faut faire respecter le commerce loyal. Il faudrait qu'aucun soupçon n'effleurât jamais notre grand marché des blés. Pour cela, il est indispensable que tous les intermédiaires faisant honnêtement leur métier se plient à certaines mesures qui n'ont d'autre but et d'autre effet — quoi qu'on en dise — que de débarrasser la masse de quelques aigrefins.

« Ces aigrefins existent. On les connaît presque tous. N'empêche qu'ils « travaillent » pour le plus grand malheur de leurs clients, du marché et du consommateur. Est-ce que tout récemment un de ces coquins qui ne possédait pas plus de 25.000 francs de capital, n'a pas fait perdre 1.500.000 francs dans une région bien connue de moi ! Vous me direz : « On l'a exécuté à la Bourse ! » C'est vrai ; mais le mal était fait. Eh bien, moi, ministre du Commerce, j'estime qu'il vaut mieux prévenir les délits que les punir, et je pense que les intermédiaires probes ne payeront pas trop cher de menus sacrifices l'avantage de voir les coquins mis dans l'impossibilité de nuire.

« Je pense aussi que notre marché est un peu trop rétréci. Il me semble qu'on restreint trop le champ des appréciations au point de vue de l'établissement des cours, en fixant le type du blé unique que vous avez défini au cours de votre enquête sur le mécanisme commercial. Le cours du blé en France devrait être moins le cours de Paris que la résultante, la moyenne générale des marchés, lesquels devraient être organisés avec plus de méthode et d'homogénéité.

« Enfin reste la « liquidation » de fin de mois. Vous savez que, pour la pénalité des vendeurs défaillants, un article du règlement de la Bourse en a fixé la modalité et le quantum, et qu'en cas de contestation entre les parties, la chambre syndicale intervient. Celle-ci, en fait, s'est transformée en une chambre d'arbitrage : rien de plus légitime et de plus salutaire. Mais ce qui est mauvais, c'est l'introduction des résultats de cette intervention dans la cote. Cela détourne de sa signification la délégation de la puissance publique donnée par le préfet de police à la chambre syndicale.

Pour me résumer, voici les trois idées générales qui doivent inspirer la conduite du gouvernement : assainissement du marché par l'élimination des intermédiaires véreux et des spéculateurs ; élargissement du marché à terme ; organisation méthodique des marchés de province ; modifications dans l'établissement de la cote.

« Si je n'avais à exprimer que mes idées personnelles, j'ajouterais : suppression radicale de la contre-partie. Un intermédiaire doit s'en tenir au mandat qui lui est donné, rien de plus. »

Ainsi le gouvernement va proposer aux Chambres des modifications au régime des Bourses de commerce. Quelles sont ces modifications ?

M. Fernand David nous l'explique.

Un projet de loi est prêt ; il l'a communiqué à MM. Briand et Klotz ; et il compte le déposer dès la rentrée du Parlement.

Ce projet est, à quelques variantes près, celui qu'élabora la commission extraparlementaire chargée, le 22 décembre 1910, d'étudier « les moyens d'améliorer le fonctionnement des Bourses de commerce ». Il comportait à l'origine certaines dispositions qui, depuis lors, sont entrées par anticipation dans la législation : l'obligation pour les intermédiaires agréés de la tenue d'un répertoire, et l'interdiction de faire des opérations autrement que par l'entremise des intermédiaires professionnels.

Le projet prévoit l'institution d'une commission administrative chargée de veiller à l'application des lois et règlements et de signaler à l'autorité compétente toute infraction grave constatée ou dénoncée.

Un décret d'institution doit déterminer les bases et les règles du marché.

Pour les liquidations de fin de mois, les règlements particuliers au marché de chaque catégorie de marchandises élaborés pour chaque Bourse par la Chambre de commerce contiendront une clause accordant :

1° Au vendeur, un délai supplémentaire de huit jours au moins et de trente jours au plus, pour livrer la marchandise ou denrée;

2° A l'acheteur, une indemnité compensatoire du dommage résultant du défaut de livraison de la marchandise ou denrée à la date fixée dans le contrat.

Enfin M. Fernand David a ajouté un article fixant les conditions requises pour entrer comme intermédiaire professionnel à la Bourse de commerce : casier judiciaire, jouissance des droits civiques, etc. Voilà le projet.

M. Fernand David espère qu'il sera voté. Il l'espère d'autant plus que la délégation de la Bourse de Paris qui est venue l'autre jour faire connaître, à M. Pams et à lui, les modifications qu'elle comptait proposer à l'agrément du commerce, a montré les meilleures intentions, et notamment le désir de prévenir le retour d'accidents comme celui qui a marqué la liquidation de fin d'avril.

Mais encore une fois, tout cela n'est pas de nature à diminuer la cherté du blé.

IX

AUTRES CONCLUSIONS
IL FAUT ABAISSER LE DROIT DE DOUANE

Le droit de 7 francs est inutilement exagéré. — Ce qu'avaient
voulu les pères du droit de douane. — Comment joue ce
droit. — Le marché de Liverpool et le marché de Paris. —
Un calcul édifiant.

Certains — et notamment les protectionnistes
intransigeants — ont attribué la hausse du prix du
blé à deux causes, et à deux causes seulement : le
déficit de la récolte nationale et la « spéculation. »

A l'argument tiré du déficit on oppose les statistiques répétées du ministère de l'Agriculture, d'après
lequel il resterait assez de blé en France pour faire
la « soudure », c'est-à-dire pour atteindre la campagne prochaine sans le concours de l'étranger.
Comme il est presque impossible d'inventorier exactement nos réserves en froment, un doute subsiste.
Ce qui est indéniable, c'est que sur le marché, la
demande continue de dépasser l'offre.

Pour ce qui est de la « spéculation », nous avons expliqué ce qu'il fallait en penser, tout en exposant jusque dans ses moindres détails le mécanisme commercial du marché réglementé. D'ailleurs une constatation de fait ruine la démonstration de ceux qui veulent faire peser la responsabilité de la hausse sur la Bourse de commerce de Paris : le cours du blé à cette bourse est inférieur aux cours pratiqués sur les marchés libres de province.

Il faut donc chercher ailleurs la principale cause de la hausse considérable que nous subissons, et dont le consommateur de pain supporte ou supportera en fin de compte les conséquences. Cette cause principale, c'est le droit de douane qui, établi pour protéger l'agriculture, pèse d'un poids exagéré sur les consommateurs.

Je me propose de démontrer que le droit de 7 francs imposé aux blés exotiques entrant en France est beaucoup trop élevé : qu'une partie répond à l'objet de son établissement (restreindre l'importation aux besoins de la consommation indigène), mais que le surplus grève inutilement la denrée et constitue un danger national.

Tout d'abord, il importe d'observer que le droit fixe de douane n'a jamais été proposé ni voté pour maintenir le blé à un prix déterminé, ni même pour élever nos cours au-dessus des cours des marchés libres voisins de toute la quotité du droit. Le droit variable de l'échelle mobile avait bien été imaginé pour garantir au producteur un prix de vente déterminé. Mais on s'aperçut qu'on s'était trompé, et les partisans du droit fixe ont eu soin, par la suite, de spécifier qu'ils n'entendaient pas retomber dans cette erreur.

Écoutez ce que disait M. Graux, en 1884 :

« Il ne s'agit pas d'empêcher le blé étranger d'entrer en France, mais bien de restreindre l'importation au besoin de la consommation indigène ;... ne pas élever une barrière aux frontières, mais établir un réseau à mailles assez larges pour laisser pénétrer les blés nécessaires à l'approvisionnement ;... il faut donner à l'agriculture les moyens de réaliser des progrès, et non encourager la routine...

« Un droit d'entrée de 5 francs par quintal ne fera pas hausser le prix moyen de 5 francs, mais seulement dans la mesure où les produits étrangers concourront avec les produits français à alimenter notre consommation. »

Deux ans plus tard, le marquis des Roys s'exprimait ainsi :

« La commission propose le droit fixe de 5 francs, assez élevé pour protéger l'agriculture, restreindre les blés importés aux quantités nécessaires à la consommation ; il ne pèsera pas d'une façon sensible sur la consommation ; il sera supporté pour la plus forte partie par l'importateur, sera une juste compensation des charges qui pèsent sur la production française et lui permettra de lutter à armes égales contre la concurrence étrangère. »

Et en 1892, combattant une proposition de M. Lafargue tendant à la suppression des droits sur les denrées alimentaires, M. Méline, « sans nier que ces droits peuvent amener sur certaines denrées une hausse momentanée », affirmait « que cette hausse se maintiendra dans des limites supportables, et ira s'atténuant de plus en plus avec le temps et le développement de la production nationale. »

En fait, on n'a point contesté l'influence du droit protecteur au cours des dernières années. Mais il est, d'autre part, incontestable que, depuis 1905, les prix se sont relevés sur le marché mondial et que le droit de douane n'a plus joué que dans une faible proportion, la récolte nationale ayant été suffisante ou presque suffisante pour couvrir nos besoins.

D'ailleurs la démonstration que je vais faire ne permet, je crois, aucune objection.

Supposons que l'on dresse un tableau gigantesque où l'on mettrait en regard, jour par jour, depuis l'établissement des droits fixes, les cours du blé sur les places étrangères. L'écart entre les premiers et les seconds représentant la fraction du droit de douane qui joue (1), on verrait ainsi dans quelle mesure ce droit a joué chaque jour; et si on constatait que ce droit n'a jamais ou presque jamais joué de plus de cinq francs, par exemple, on pourrait logiquement conclure qu'un droit de cinq francs eût,

____

(1) Nous admettons que le prix du blé en France est égal au prix du blé sur le marché mondial, plus une fraction du droit de douane.

pendant cette période, protégé l'agriculture autant
que le droit de sept francs l'a protégée. On pourrait
formuler cette conclusion avec une rigueur mathématique si, dans ce vaste tableau, en regard de
chaque cours quotidien, on avait indiqué les quantités de blé vendues ou achetées à ce prix, de
manière à avoir pour chaque jour une notation
comme la suivante :

Jour	Marché	Cours	Quantités
24 janvier 1912. . .	Paris . . .	28 80	5.600 q.
—	. . . Londres. .	23 50	6.720 q.
—	. . . Hambourg.	24 »	2.810 q.
—	. . . Chicago. .	20 »	7.900 q.
	etc.	etc.	etc.

Or, ce travail n'a pas été fait au jour le jour ; et il
est impossible de le faire.

Est-ce à dire qu'on ne peut chiffrer avec quelque
approximation les écarts successifs entre le prix du
blé à l'étranger et le prix du blé en France? Non,
certes. Et ici se place tout naturellement le calcul
simplifié auquel je me suis livré.

J'ai choisi, parmi les pays étrangers, l'Angleterre, parce que le fret est à peu près le même
pour nos voisins d'outre-Manche et pour nous. Et en
Angleterre, j'ai choisi Liverpool, parce qu'il y a là
un marché réglementé comparable au marché réglementé de Paris. Après quoi, j'ai inscrit cote à cote
les prix moyens annuels (en francs et aux 100 kilos)
du blé sur le marché de Liverpool et sur le marché
de Paris, de 1898 à 1911.

Voici le tableau ainsi obtenu :

Années	Paris	Liverpool	Écart
1898.	25 51	20 »	5 51
1899.	20 01	16 25	3 76
1900.	19 99	16 68	3 31
1901.	20 38	16 25	4 13
1902.	21 88	16 95	4 93
1903.	22 86	17 65	5 21
1904.	22 16	18 80	3 36
1905.	23 51	18 90	4 61
1906.	23 55	18 45	5 10
1907.	23 92	21 05	2 87
1908.	22 58	18 65	3 93
1909.	24 34	23 50	0 84
1910.	26 24	20 90	5 22
1911.	26 12	(?)	(?)

D'ailleurs, pour ceux à qui la lecture de ces carrés de chiffres semblerait fastidieuse, j'ai dessiné un graphique qui « saute aux yeux »; le dessin schématique ci-contre présente la courbe du prix du blé sur les deux marchés; l'écart, c'est-à-dire la fraction du droit de douane qui joue, est figuré par la différence de hauteur entre les deux courbes.

Eh bien, si l'on prend la moyenne des écarts, de 1898 à 1911, on trouve 4,06 : soit, en négligeant les 6 centimes, 4 francs.

Je le répète : ce n'est pas une démonstration rigoureusement mathématique, puisque je n'ai pas tenu compte — dans l'établissement des moyennes annuelles des cours quotidiens, des quantités vendues ou achetées. Il ne s'agit que d'un calcul approximatif.

Quoi qu'il en soit, bon an mal an, entre Liverpool et Paris, il y a un écart de 4 francs. Cela signifie que le droit de douane ne joue entre ces deux places que pour 4 francs. De sorte qu'en reprenant le raisonnement que nous faisions plus haut, on peut dire :

Si, au lieu d'être de 7 francs, le droit de douane

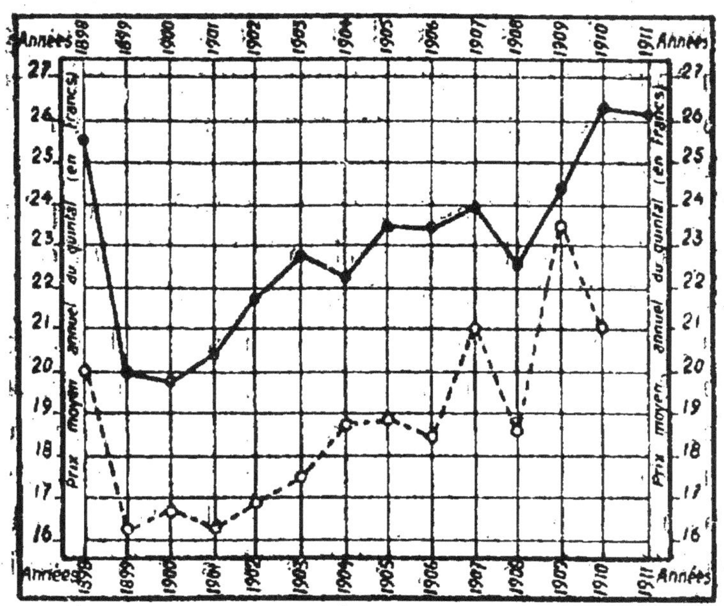

Ligne pleine : Fluctuations du marché de Paris.
Ligne pointillée : Fluctuations du marché de Liverpool.

n'avait été que de 4 francs, l'agriculture, tous comptes faits, n'aurait pas été moins protégée.

Mais ce n'est pas tout. Nous n'avons envisagé que des moyennes. Si au lieu d'envisager des moyennes nous avions suivi les cours de jour en jour, nous aurions vu que le droit de 7 francs ne joue complètement que dans les périodes de crise. En fait, il a joué complètement deux fois, et deux fois seulement, depuis son établissement (1894) : une fois en 1898 (et à ce moment-là on suspendit le droit) et une autre fois en 1912 (j'ai montré dans un précédent article que le droit jouait actuellement de 7 francs, à quelques centimes près). Mais alors — quand il joue complètement, comme maintenant — un droit aussi exorbitant devient un danger pour tous nos consommateurs, puisqu'il fait peser la crise plus lourdement sur nous que sur les étrangers.

Il y a plus : la fraction du droit de douane qui n'a pas joué a constitué une prime à la spéculation. Et cela est facile à comprendre.

Supposons qu'à un moment donné le droit joue pour 3 francs. Survient un facteur de hausse : récolte plus déficitaire qu'on n'avait cru, craintes pour la récolte en terre, crise extérieure, resserrement monétaire, guerre, fermeture des Dardanelles. Aussitôt une hausse se produit sur le marché mondial : une hausse de 2 francs par exemple. Comme nous sommes solidaires du marché mondial, nous allons subir cette élévation; et c'est naturel. Mais chez nous la hausse va s'exagérer, car la fraction du droit de douane qui joue va augmenter très vite et passer de 3 francs à 4 francs, à 5 francs et même 6 francs. Pourquoi ? Parce que la marge que laisse le droit de douane constitue une tentation pour le joueur.

Il y a quelques années un spéculateur bien connu, jugeant — avec raison d'ailleurs — la récolte plus déficitaire qu'on ne croyait, et escomptant une hausse importante, put à son aise effectuer une grosse opération qui faillit coûter très cher à tout le monde : opération qui aurait été impossible si le droit de douane avait été moins élevé.

Par conséquent on peut dire que la France supporte la répercussion des perturbations mondiales dans de plus fortes proportions que les pays de libre-échange.

Le journal *la Meunerie française* a fait un calcul analogue au mien. Seulement, au lieu de prendre deux marchés réglementés, il a pris deux marchés libres : Londres et Paris. Et voici le tableau qu'il a ainsi dressé :

	Londres	Paris	Écarts
1892.	17 11	23 34	+ 6 23
1893.	15 36	20 98	+ 5 62
1894.	14 22	19 14	+ 4 92
1895.	13 92	19 16	+ 5 24
1896.	15 56	19 05	+ 3 50
1897.	18 49	25 22	+ 6 73
1898.	19 41	25 98	+ 6 57
1899.	14 46	19 43	+ 4 97
1900.	15 00	19 88	+ 4 88
1901.	15 11	20 49	+ 5 38
1902.	15 75	21 75	+ 6 00
1903.	14 87	22 62	+ 7 75
1904.	15 93	21 85	+ 5 92
1905.	18 41	23 46	+ 5 05
1906.	17 58	23 25	+ 5 67
1907.	19 02	23 89	+ 4 87
1908.	19 63	22 42	+ 2 79
1909.	24 40	24 02	— 0 38
1910.	19 33	25 93	+ 6 60
1911.	19 13	26 28	+ 7 15

La moyenne des écarts ressort à 5 fr. 28 par quintal : de sorte que, a conclu notre confrère, en tenant compte des frais de transport (un franc par quintal au minimum) (1), la culture n'a profité que pour 4 fr. 28 de la protection totale à elle accordée par le droit de 7 francs.

Ainsi il est manifeste que le droit de 7 francs est trop élevé. En temps ordinaire il ne joue que pour 4 francs en moyenne; et en temps de crise, il exagère la hausse. Conclusion : il faut le ramener de 7 à 4 francs. L'agriculture ne sera pas moins protégée, et le consommateur français — dont on ne se préoccupe que quand il crie très fort et très haut — ne payera pas le blé, dans les moments difficiles, 7 francs de plus que le consommateur étranger.

Reste la question d'opportunité. A quel moment conviendrait-il de réduire le droit de douane? La plupart des économistes reconnaissent qu'il serait inutile ou dangereux d'opérer cette réduction à l'heure actuelle, c'est-à-dire en pleine crise : inutile, parce que, disent-ils, le blé monterait immédiatement à l'étranger d'une quantité égale à l'abaissement du droit, et la situation ne serait pas changée; dangereux, parce que, si la hausse correspondante ne se produisait pas à l'étranger et si d'énormes quantités de blé entraient en France, les prix de notre pro-

---

(1) Dans mon calcul, je n'ai pas tenu compte de ces frais de transport. Autrement mes conclusions se seraient trouvées renforcées.

chaine récolte pourraient se trouver avilis. Mais les mêmes économistes estiment que le gouvernement devrait prévoir l'époque où la situation étant redevenue normale, à la fin de l'été, par exemple, le droit pourrait être abaissé.

Car enfin, il faut bien envisager une solution. Le consommateur commence à grommeler.

— Nous prêtons actuellement plus de 50 millions aux agriculteurs sous forme de crédit agricole, dit-il. D'autre part, nous consentons à payer le blé plus cher que tous les étrangers pour le protéger. Ce sont des sacrifices que nous acceptons au nom de la solidarité nationale. Mais pourquoi nous imposer des sacrifices inutiles ?

Beaucoup d'agriculteurs, il est vrai, — notamment du Nord — reconnaissent que le droit de 7 francs est trop élevé. Quant au commerce, il est unanimement du même avis ; mais ce qu'il demande par-dessus tout, c'est la fixité du droit et du régime : qu'on abaisse le droit une fois pour toutes, et qu'ensuite on ne touche plus à rien. Sans stabilité dans le régime dès transactions on ne peut travailler avec méthode et en sécurité.

X

LE PROJET DU GOUVERNEMENT

La capacité de la minoterie française. — Ce que le gouvernement propose pour pallier la crise. — L'admission temporaire et le délai d'apurement. — La mise en entrepôt des
farines.

Au premier abord il semble que la meunerie devrait rester indifférente aux variations du cours du
blé.

Pour le profane, en effet, le meunier est un industriel situé entre l'agriculteur, qui produit son blé au
soleil, et le boulanger, qui ne chôme jamais. Il achète
du grain au fur et à mesure de ses besoins, et il vend
de la farine au jour le jour. On admet que, tous frais
compris, la transformation de 100 kilos de blé en
farine coûte 2 francs. Et l'on table là-dessus : acheter
du froment le moins cher possible, vendre la farine
le plus cher possible. C'est le plus simple et le plus
banal des métiers...

En réalité les choses sont plus compliquées. Le

meunier n'achète du blé ni ne vend de la farine au jour le jour : il vend sa farine à livrer sur un, deux, trois, quatre, six, dix, douze mois. Il conclut avec le boulanger, son client, des marchés dans ce genre :

— Je vous vends x quintaux de farine livrables en septembre, octobre, novembre et décembre prochains. Et cela à 63 francs les 100 kilos.

Ce faisant, il a à lutter avec le boulanger qui, lui, choisit autant qu'il le peut, pour effectuer de gros achats, le moment où les cours sont bas.

— Alors, demande le profane, pourquoi le meunier délaisse-t-il un système commercial très simple pour des pratiques si compliquées et si hasardeuses? Pourquoi transforme-t-il un métier sûr en un métier plein de risques?

A cause de la concurrence. Il y a en France plus de moulins qu'il n'en faut pour approvisionner notre pays en farine. Combien y en a-t-il? Je ne sais. Ce que je puis dire, c'est qu'il y a une quinzaine d'années on en comptait 36.991 répartis de la façon suivante :

Moulins entre les mains de meuniers travaillant seuls	9.291 moulins.
Moulins exploités par deux personnes, sans aides.	3.019 —
Moulins dirigés par un meunier occupant :	
1 ouvrier.	9.764 —
2 —	6.732 —
3 —	3.570 —
4 —	1.905 —
5 —	975 —
6 —	581 —

18

7 à 10 ouvriers	. . . .	683 moulins
11 à 20 —	. . . .	335 —
21 à 50 —	. . . .	122 —
51 à 100 —	. . . .	11 —
101 à 200 —	. . . .	2 —
201 à 500 —	. . . .	1 —

Ce nombre 36.991 a dû beaucoup diminuer si l'on s'en rapporte aux fermetures de minoteries provoquées journellement par des faillites, cessations de commerce, liquidations. Quoi qu'il en soit, il est établi que la consommation française oscille entre 80 et 90 millions de quintaux de blé (consommation de bouche), alors que l'industrie meunière est outillée pour en broyer 125 millions. Et voilà la raison impérieuse qui fait que le minotier, craignant de ne pas vendre sa farine ou d'être réduit au chômage, passe des marchés à long terme, en concurrence avec ses confrères.

Un membre de cette corporation faisait, l'autre soir, à la Bourse de commerce, une comparaison dont je lui laisse la responsabilité.

— Des chiens sont enfermés dans un chenil. Pour les nourrir, il faudrait 125 portions. Or le maître de la maison ne dispose que de 80 portions. Que font les chiens devant cette pitance insuffisante? Ils se battent.

Les meuniers se battent, et quelques-uns se montrent féroces. C'est à qui captera la clientèle — les boulangers — et qui, pour l'emporter, fera le plus de concessions.

Dès lors, voyons comment les choses se passent. Un meunier a vendu à un boulanger de la farine livrable en septembre, octobre, novembre et décembre. Il songe à « se couvrir », c'est-à-dire à acheter une quantité de blé correspondant à la quantité de farine vendue. Comment peut-il se couvrir ?

En achetant du grain à la culture et en le mettant en réserve dans ses magasins ? C'est impossible : d'abord parce que, ne battant pas tout son blé le même jour, la culture ne pourrait peut-être pas lui assurer la fourniture ; ensuite parce qu'il ne dispose généralement pas de magasins assez vastes ; enfin parce qu'il n'est pas toujours en mesure d'immobiliser ainsi d'importants capitaux. Et d'ailleurs, s'il voulait se couvrir quand même en marchandise, il provoquerait par ses demandes excessives une hausse dangereuse sur le marché.

Donc, pour se couvrir, il doit procéder autrement. Il cherche des marchands qui s'engagent à lui fournir le grain dont il aura besoin à une certaine époque. S'il en trouve, le problème est résolu pour lui. S'il n'en trouve pas, il achètera au marché de Paris — suivant le mécanisme que j'ai expliqué — du blé qui, au moment de la livraison, lui sera présenté sous la forme de « filière ». Il aura, ce faisant, réalisé un *arbitrage.*

Si c'est un meunier de Paris, il pourra, le moment venu, « arrêter » la filière et prendre livraison du grain. Si c'est un meunier de province, au lieu de faire de même et de supporter les frais de transport des

Magasins généraux de Paris à son moulin, il défait le premier arbitrage et en conclut un second : il défait l'opération initiale, vente de farine en boulangerie contre achat de blé au marché de Paris ; puis, revendant le blé primitivement acheté pour la couverture, il conclut un nouvel arbitrage, vente au marché de Paris contre achat à la culture dans sa région.

Le premier arbitrage, qui paraît inutile au premier abord, n'est pas autre chose qu'une assurance partielle contre la perte. C'est une pratique courante : en vendant au mois de mai de la farine livrable en automne, le meunier a accepté un prix, et ce prix était basé sur la correspondance présumée qu'il y aurait en automne entre les cours du marché de Paris et les cours de sa région.

Si le cours du blé n'a pas subi de grandes variations, les deux opérations s'équilibreront, ou à peu près. S'il a subi de grandes variations, l'ensemble des deux opérations aura constitué une assurance contre une grosse partie de la perte.

Voilà, dans ses lignes principales, le mécanisme des marchés de la meunerie.

Toutefois, puisque cette industrie est outillée pour moudre — et moud en réalité — plus que le blé nécessaire à la consommation française et même plus que la production française, il me faut parler du grain étranger introduit en France pour y être transformé en farine, puis renvoyé au delà des frontières. Ce grain entre sous le bénéfice de l'*admission temporaire*.

———

C'est un régime qui a subi des modifications successives. Présentement, on peut le définir ainsi : le meunier qui déclare prendre du blé en admission temporaire consigne le droit de douane de 7 francs par quintal et fait constater par les agents du fisc l'entrée de cette marchandise dans son moulin. A ce moment il reçoit un titre de perception qui lui donnera droit au remboursement de la somme consignée lorsqu'il réexpédiera *du même moulin* à l'étranger la farine provenant du broyage du blé.

En réalité le fisc ne rembourse pas le droit de 7 francs, car le poids de farine à ressortir de France pour apurer l'acquit d'un quintal de blé varie avec les « types de farine en douane ». La douane, en effet, a plusieurs types, servant d'étalons pour les diverses qualités : il y a le type « à 50 pour 100 », le type « à 60 pour 100 », le type « à 70 pour 100 », le type « à 80 pour 100 ». Et ces types servent à la fois de termes de comparaison pour les farines réexpédiées à l'étranger après admission temporaire, et pour les farines importées de l'étranger en France et soumises à la taxe douanière. Le délai d'apurement de l'acquit est actuellement de deux mois.

En outre, l'acquit ne peut être apuré que par la sortie de France de la farine correspondant au blé admis temporairement.

Le gouvernement, pour remédier à la crise

actuelle, propose deux modifications à ce régime :
l'une portant prolongation du délai d'apurement ;
l'autre autorisant la mise en entrepôt — au lieu de
l'émigration obligatoire — des farines.

1° *Délai d'apurement.* — Le gouvernement propose de porter de 2 à 3 mois le délai d'apurement.

Là-dessus les meuniers ont beaucoup discuté. Les
uns ont dit :

— Cette prolongation permettra, il est vrai, d'in-
troduire pendant la crise plus de blé en France et
d'atteindre un peu plus facilement la campagne prochaine; mais elle ne profitera qu'aux meuniers des
ports — Marseille par exemple — et à quelques
gros meuniers de l'intérieur placés pour recevoir, à
frais de transport modérés, le blé exotique et ayant
un service commercial organisé pour la vente de la
farine à l'étranger. Les autres, ayant à payer — et
à payer cher — le transport du blé d'un port au
moulin et du moulin à la frontière, n'y gagneront
rien.

Les sceptiques disent :

— Les meuniers les moins bien placés ne gagneront
pas autant que ceux des ports, mais il n'y perdront
pas.

Et celui dont je parlais plus haut, poursuivant sa
parabole, m'expliquait :

— Voici nos chiens dans le chenil. Ils font maigre
chère, puisqu'il n'y a pas de pitance pour tous. Mais
le gouvernement entr'ouvre la porte et en laisse
passer 40, qui vont aller ailleurs *quærentes quem*

devorent. Qu'arrivera-t-il ? Ceux qui sont sortis trouveront peut-être au dehors de plantureux repas. Mais ceux qui sont restés au chenil auront davantage à manger. A des degrés divers, toute la meute profitera de l'aubaine.

2° *Mise en entrepôt des farines.* — Actuellement, du blé étant entré en admission temporaire, l'acquit ne peut être apuré que par la sortie de France de la farine. Le gouvernement propose de donner à la meunerie la faculté d'apurer l'acquit en mettant la farine dans un entrepôt des douanes francaises, à la condition essentielle que si cette farine (entreposée en territoire géographiquement français, mais « douanièrement » étranger) est présentée ultérieurement pour rentrer effectivement en France, elle acquitte, non la somme payée à l'industriel lors de la réexportation à l'étranger, mais le droit plein du tarif des douanes sur les farines.

C'est en somme un retour partiel à l'ancien système, que l'agriculture avait démoli.

Les partisans de cette modification lui prêtent deux avantages :

a) Le meunier peut apurer l'acquit dans le délai voulu, même si sa farine n'est pas vendue. Et les stocks ainsi formés dans les entrepôts de la douane ne menacent nullement la culture, puisqu'ils ne peuvent en sortir pour rentrer en France qu'en acquittant le droit plein sur les farines étrangères;

b) En cas de guerre, il y aurait là une source de

ravitaillement que l'intendance militaire pourrait réquisitionner.

En général la meunerie ne croit pas que ces deux mesures sont de nature à faire baisser sensiblement le cours du blé. Tandis que le conseil supérieur de l'agriculture y voit un « modérateur » de la hausse, elle y voit un « perturbateur » des cours que doit régir seule la loi de l'offre et de la demande.

— Il aurait fallu, me disait M. Regnault-Desroziers, le président de la chambre syndicale des grains et farines de Paris, porter à six mois le délai d'apurement et décréter la cessibilité des acquits. Hors de là et de l'abaissement du droit de douane, tout est vain !

Toutefois il est une considération qui doit préoccuper le gouvernement : c'est celle des stocks. Veut-on connaître les moyennes annuelles des stocks généraux à Paris ? Les voici :

Années	Blé	Farines
	qtx	qtx
1900	466.000	421.000
1901	304.000	460.000
1902	138.000	162.000
1903	56.000	41.000
1904	174.000	158.000
1905	142.000	113.000
1906	50.000	56.000
1907	128.000	33.000
1908	166.000	39.000
1909	209.000	61.000
1910	224.000	38.000
1911	130.000	55.000

La diminution d'année en année est flagrante. Mais il y a pis : le stock général à Paris, au 15 mai, était de 28.000 quintaux de blé et 39.000 quintaux de farine. Or l'approvisionnement de Paris et de la banlieue exige quotidiennement 17.000 quintaux de farine ou 24.000 quintaux de blé !

XI

LE PRIX DU PAIN

Le Gouvernement est rassuré. — Oui, mais le blé est de plus
en plus cher. — Le pain coûte 0 fr. 95. — Relation entre le
prix du blé et le prix du pain. — Statistiques.

Tandis que le gouvernement et la majorité du
Parlement attendent dans la béatitude les résultats
de la mesure qui doit pallier la crise du blé cher
(prolongation de l'admission temporaire et ouverture
des entrepôts de douane aux farines réexportables),
le cours du froment se maintient aux environs de
33 francs et le prix du pain augmente dans les
boulangeries.

A ce propos, certains économistes ont contesté
qu'il y ait une relation entre le prix du blé et le prix
du pain. C'est, à notre avis, une erreur profonde.
En effet, les cours de la farine suivant de près le
cours du blé — il suffit, pour s'en convaincre, de
comparer les fluctuations du premier et celles du

second — et la taxe officieuse du pain par les municipalités ayant pour base le cours de la farine, il est clair qu'il existe une relation entre le prix du blé et le prix officieux du pain. Et si ce raisonnement et ces rapprochements de chiffres ne suffisaient pas, j'invoquerais la comparaison directe du cours du blé et du prix du pain.

Le tableau suivant fait apparaître les moyennes annuelles de ces deux prix pendant une période de vingt ans, de 1882 à 1902. La ligne pointillée marque les variations du prix de 100 kilos de farine, et la ligne pleine celles du prix de 100 kilos de blé :

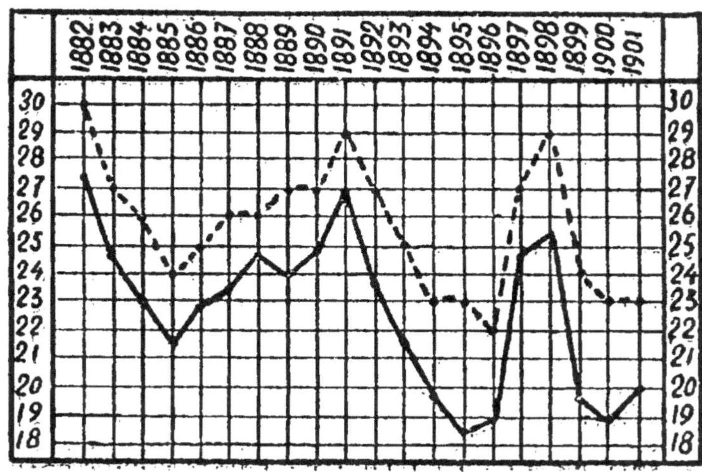

On voit que, d'une manière générale, le pain et le blé sont solidaires et que le premier réfléchit fidèlement les variations du second.

Il y a même plus. Prenons une période de courte durée, la campagne 1902-1903, par exemple, pendant laquelle le cours du blé subit des variations accentuées ; et, pour cette période, comparons : la cote officieuse du prix du pain, par quinzaine, à Paris, (ligne pleine ————————), les cours du blé aux environs du 15 et du 30 de chaque mois (ligne ponctuée . . . .), et le prix réel de vente du pain à Paris, soit le prix moyen pratiqué dans la majorité des boulangeries (ligne de traits — — — — —). Nous obtenons le tableau suivant :

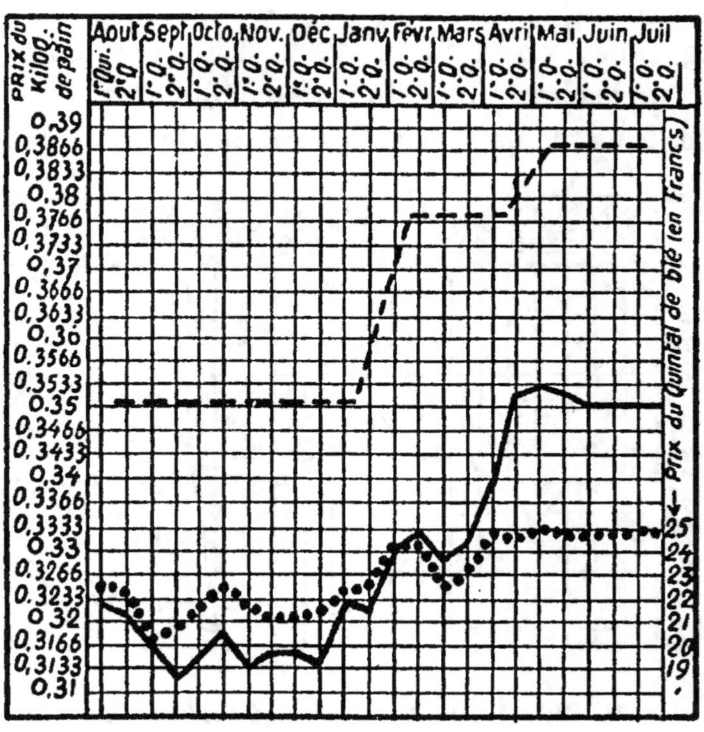

On voit que, d'août 1902 à janvier 1903, le cours du blé oscille entre 20 et 22 francs : le prix de vente du pain, lui, reste constant à 35 centimes le kilo. En janvier le blé subit une hausse et, en deux mois, monte de 22 à 24 fr. 50 : aussitôt le pain de monter de 3 centimes. Le blé monte encore, jusqu'à 25 francs : le pain monte encore, jusqu'à 0 fr. 387 le kilo. Les deux prix marchent parallèlement, ce n'est pas douteux.

Est-ce à dire que le prix du pain suit jour par jour le cours du blé ? Évidemment non : une hausse brusque de 2 francs sur le froment ne saurait avoir sa répercussion *immédiate* sur le pain, qui est vendu au kilo et à la livre et dont on ne peut modifier continuellement le prix.

Mais toute variation quelque peu durable du cours du blé entraîne, tôt ou tard, une variation correspondante du prix du pain. Les deux marchandises sont solidaires.

Et voilà pourquoi, continuant, comme le blé, son mouvement ascensionnel, le pain a subi jeudi dernier une nouvelle hausse.

Quelle est l'importance de cette hausse ?

Pour s'en rendre compte, il importe de suivre le mouvement de la taxe officieuse du pain depuis trois ou quatre ans.

Mais, au préalable, je voudrais expliquer ce qu'il faut entendre par cette « taxe officieuse » que la Préfecture établit de quinzaine en quinzaine. On admet que le pain est fabriqué avec des farines de diverses qualités mélangées dans la proportion suivante :

Farine de choix. . . . . : . . .   3/10
Farine premières marques. : : 2/10
Farine marques ordinaires. . , . . . , .   3/10
Farine fleurs et frais accessoires — en
bloc . . . .   2/10 + 1 fr

On admet, en outre, que les frais de panification atteignent 13 fr. 179 aux 100 kilos, et qu'avec 100 kilos de farine on obtient un rendement en pain de 128 kilos. Dès lors il est facile, pour un jour déterminé, d'établir la taxe, en raisonnant sur les cours de ce jour-là. Par exemple, pour le 5 juin dernier, le calcul se présentait ainsi :

3/10 Farine de choix à 43.95. . . . . .   131.85
2/10   —   premières marques à 43.31   86 62
3/10   —   marques ordinaires à 41.40   124.20
2/10   —   fleurs ordinaires à 39.40 + 1   80.80
____
425.47

Soit, pour 100 kilos, 42 fr. 547, et, en ajoutant 13 fr. 179 pour frais de panification, 55 fr. 726. Le rendement étant théoriquement de 128 kilos de pain par 100 kilos de farine, le kilo de pain de première qualité revenait, le 5 juin dernier, à : 0.435, et le pain de 2 kilos à 0.870.

Voilà la taxe officieuse du pain calculée pour le 5 juin dernier.

Maintenant, si l'on veut mesurer l'importance de la hausse actuelle, il suffit de jeter les yeux sur le tableau suivant, qui indique les variations de la taxe officieuse depuis 1909 jusqu'à présent :

Les 2 kilos. . . .		1909	1910	1911	1912
Janvier.	1^{re}quinz.	0f 70	0f 72	0f 83	0f 74
—	2e —	0 70	0 73	0 83	0 76
Février.	1re —	0 70	0 74	0 83	0 78
—	2e —	0 71	0 74	0 83	0 79
Mars.	1re —	0.71	0 74	0 82	0 79
—	2e —	0 71	0 74	0 81	0 79
Avril.	1re —	0 72	0 75	0 81	0 80
—	2e —	0 73	0 75	0 80	0 82
Mai.	1re —	0 75	0 75	0 80	0 85
—	2e —	0 76	0 74	0 80	0 86
Juin.	1re —	0 78	0 74	0 82	0 86
—	2e —	0 78	0 74	0 82	0 88
Juillet.	1re —	0 78	0 74	0 80	
—	2e —	0 78	0 75	0 78	
Août.	1re —	0 77	0 79	0 77	
—	2e —	0 76	0 82	0 77	
Septembre.	1re —	0 75	0 84	0 75	
—	2e —	0 74	0 84	0 75	
Octobre.	1re —	0 73	0 84	0 75	
—	2e —	0 72	0 84	0 75	
Novembre.	1re —	0 72	0 84	0 75	
—	2e —	0 72	0 83	0 75	
Décembre.	1re —	0 72	0 83	0 74	
—	2e —	0 72	8 83	0 74	

On sait, d'ailleurs, qu'il ne s'agit là que d'une indication officieuse et que, dans beaucoup de boulangeries, le prix du pain est un peu plus élevé.

Quoi qu'il en soit, on voit, d'après le tableau qui précède, que le prix de revient des deux kilos de pain calculé comme taxe officieuse a progressé d'une manière à peu près continue de 1909 jusqu'à pré-

sent. A dire vrai, il avait fléchi pendant les six derniers mois de l'année dernière; mais il a subi une
nouvelle hausse, et celle-ci inquiétante, puisque, de
janvier à maintenant, il est passé de 74 centimes à
88 centimes : soit une élévation de 14 centimes.

On dira : « C'est peu, en somme; et, pour une
famille parisienne de 4 personnes, cela ne représente
qu'une augmentation de 3 sous. » C'est vrai, car
on consomme de moins en moins de pain à Paris (il
y a vingt ans, 500 grammes par tête et par jour; il
y a dix ans, 400 grammes ; maintenant de 325 à
350 grammes ; et cela parce qu'on mange de moins
en moins de soupe de ménage). Mais en ajoutant la
petite augmentation du pain à celle du vin, à celle
de la viande, à celle des œufs, à celle des légumes,
à celle des loyers....., on arrive à un total dont les
ménagères s'effraieraient si elles le voyaient écrit.

Chose curieuse, il y a cent ans, le pain coûtait
aussi cher qu'aujourd'hui :

Du 19 décembre 1811 au 27 janvier 1812. . . . .   0.80
Du 28 janvier 1812 au 5 mars 1812 . . . .   0.85
Du 6 mars 1812 au 4 avril 1813. . . . .   0.90

Et encore on retirait d'un sac de blé moins de
farine de belle qualité qu'aujourd'hui.

On voit qu'en somme, il y a peu de choses chan-
gées depuis un siècle dans la vie « domestique »
des Parisiens.

J'ai demandé au président du Syndicat de la boulangerie parisienne ce qu'il pensait de la situation :

— Elle n'est pas brillante, m'a dit M. Virat. Le stock visible en farine est infime ; et quant au stock invisible, bien malin qui pourrait l'évaluer. On nous dit qu'il y a du blé devant les ports, qu'il va nous en arriver encore, et que, tant bien que mal, nous atteindrons la moisson. Je veux bien le croire. Mais ce dont je suis sûr, c'est que l'approvisionnement est très réduit et que, si on avait abaissé à *temps* de deux ou trois francs le droit de douane inutilement élevé que nous subissons, nous serions mieux lotis à l'heure présente. Et pour terminer, si vous voulez rendre service à la boulangerie, répétez ce que j'écrivais l'autre jour dans notre organe de défense corporative :

« Enfin, puisque les Chambres se préoccupent en ce moment de la réglementation des Bourses de commerce, il y aurait certainement une heureuse réforme à accomplir. Cette réforme consisterait tout simplement dans la cotation des farines en disponible au marché de Paris et dans l'établissement de petites filières de 25 quintaux, par exemple. Cela permettrait à toute la boulangerie de s'approvisionner à ce marché, ce qu'elle ne peut faire actuellement, les affaires ne se traitant qu'à terme et par grosses filières.

Le vote des réformes que je viens de signaler serait, à mon avis, le meilleur moyen de résoudre le problème qui, depuis de longs mois, préoccupe notre pays. »

Mai-juin 1912.

TABLE DES MATIÈRES

————

E. GREVIN — IMPRIMERIE DE LAGNY